아하! 한국어 2

A-ha! Korean

Work Book

숙명여자대학교 한국어교재위원회

KM 경문사

아하! 한국어 2

A-ha! Korean

Work Book

숙명여자대학교 한국어교재위원회

- **김경령**
  University of Illinois at Urbana Champaign, Ph. D
  숙명여자대학교 한국어문학부 부교수
  숙명국제언어교육원 한국어 교육 부장

- **이홍식**
  서울대학교 국어국문학 문학 박사
  숙명여자대학교 한국어문학부 교수

- **문금현**
  서울대학교 국어국문학 문학 박사
  숙명여자대학교 한국어문학부 부교수

- **이소영**
  숙명여자대학교 한국어문학부 문학 박사
  숙명국제언어교육원 한국어교육부 강사

- **엄소연**
  숙명여자대학교 한국어문학부 문학 박사 수료
  숙명국제언어교육원 한국어교육부 강사

- **오미나**
  숙명여자대학교 한국어문학부 문학 박사 수료
  숙명국제언어교육원 한국어교육부 강사

- **박재남**
  숙명여자대학교 한국어문학부 문학 박사 수료
  숙명국제언어교육원 한국어교육부 강사

- **Richard Dubois**
  숙명여자대학교 영어영문학부 강의 교수

〈연구보조원〉
박참희 · 이세훈 · 최혜민

- **표지 그림과 삽화: 정효정**

아하! 한국어 2

(Student's Book, Work Book, Word List)

지은이 숙명여자대학교 한국어교재위원회
펴낸이 조경희
펴낸곳 경문사
펴낸날 2014년 3월 5일 1판 1쇄
2025년 7월 31일 1판 2쇄
등 록 1979년 11월 9일 제 1979-000023호
주 소 04057, 서울특별시 마포구 와우산로 174
전 화 (02)332-2004 팩스 (02)336-5193
이메일 kyungmoon@kyungmoon.com

값 34,000원

ISBN 978-89-6105-738-7
ISBN 978-89-6105-498-0(세트)

머리말

Preface

아하! 한국어는 숙명여자대학교에서 개발한 한국어 교재 시리즈로 한국어를 배우고자 하는 성인 학습자를 대상으로 한국어 표현 능력과 이해 능력을 증진시키는 데에 목표를 두고 개발하였다.

아하! 한국어는 한국어 교육의 가장 기본이 되는 '한글' 습득 단계 교재를 시작으로 5권의 주교재와 이에 따른 5권의 보조교재, 듣기와 말하기 기능을 보조하는 CD, 각각의 텍스트에서 소개되는 단어를 정리한 단어장 그리고 교사지침서 등으로 구성되었다. 주교재에서는 주제 중심으로 단원을 구성하였고 각각의 대화문은 실생활에서 쉽게 접할 수 있는 상황 및 기능이 제시되었다. 다양한 방법으로 문형 연습을 할 수 있도록 지문을 구성하였고 보조 교재를 통해 학습자 스스로 배운 문형과 어휘를 점검하고 복습할 수 있도록 하였다. 단원마다 새로 소개되는 어휘의 뜻을 수시로 빠르게 점검할 수 있도록 지면 구성의 효율성에 힘썼다. 또한 교사지침서를 제작하여 본 교재를 좀더 체계적으로 교사가 사용할 수 있도록 한국어 발음, 문법, 어휘, 교수법 등에 대한 자세한 내용을 수록하였다. 무엇보다도 본 교재의 특징은 언어 교수 이론에 근거한 효율적인 교수법들이 내용 전반에 깔려 있어 한국어를 보다 쉽게 이해하고 습득할 수 있도록 한 점이다.

본 교재는 외국인 학습자를 대상으로 다년간 한국어를 강의한 교육 경험이 풍부한 전문 한국어 교사진과 국어학 및 언어 교수 이론에서 전문성을 확보하고 있는 연구진의 공동 작업으로 완성되었다. 오랜 기간에 걸쳐 집필 및 출판 과정에 헌신적으로 참여해 준 한국어 교사진과 연구진, 기획과 출판 과정에서 적극적으로 협조를 해 주신 경문사 박문규 사장님께 감사를 드린다.

특별히 본 교재가 출간될 수 있도록 아낌없는 지원을 해 주신 한영실 총장님과 도움의 말씀을 주신 한국어문학부 교수님들께 감사를 드린다.

2014년 3월

김경령

일러두기

Preview

아하! 한국어 workbook 2은 아하! 한국어 2 교재를 교사와 함께 학습한 후 학습자가 배운 내용을 스스로 확인할 수 있도록 하였다.

본 교재는 아하! 한국어 2와 같이 총 12과로 이루어져 있으며, 각 과는 어휘, 문법, 쓰기의 3 영역으로 구성되어 있다.

어휘

'어휘' 는 해당 과에서 학습한 어휘 중에서 주요한 몇 가지 어휘를 복습할 수 있도록 하였다. 주어진 어휘 중에서 선택하여 문장 완성하기, 알맞은 어휘 연결하기, 어휘를 이용하여 문장 만들기, 그림 보고 해당 어휘 찾기 등의 활동이 제시되어 있다.

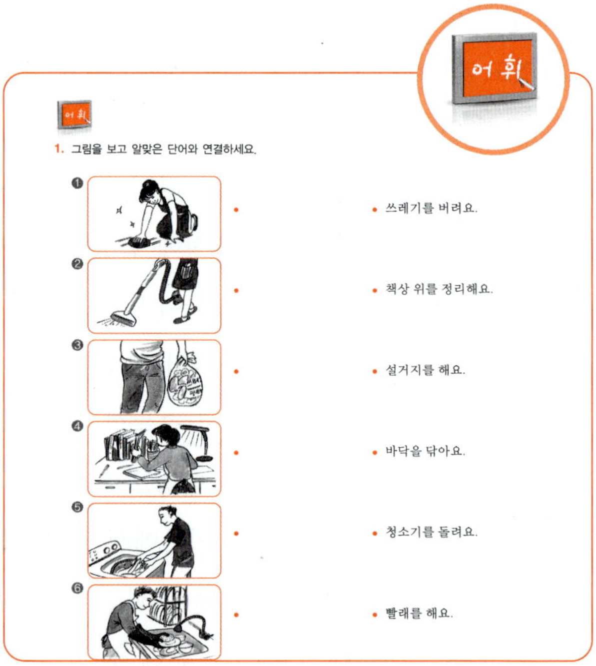

문법

'문법' 영역에서는 문법 내용을 학습자 스스로가 간단하게 복습할 수 있도록 하였다. 해당 문법을 사용하여 문장 완성하기, 문장 연결하기, 그림을 보고 문장 만들기 등의 활동이 제시되어 있다.

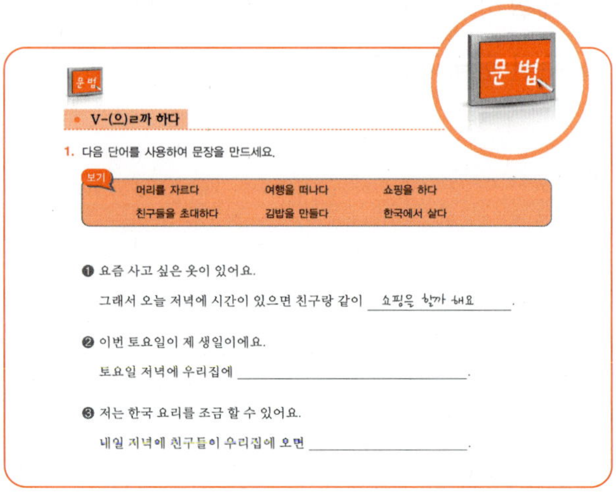

쓰기

'쓰기' 영역에서는 해당 과에서 배운 어휘와 문법 등을 활용하여 주제에 맞는 쓰기 연습을 돕고자 하였다.

책의 뒷부분에는 교재에 실린 문제들의 정답을 실어 학생들이 스스로 정답을 확인할 수 있도록 하여 효과적인 자가학습서로서 활용할 수 있도록 하였다.

단원 구성

Table of Contents

	주제 Topic	문법 Grammar	활동 Task
1과	취향 Taste	A/V—지요? V—는 + N 'ㄹ' 불규칙 V—고 있다 [1] V—(으)려고 하다	• 자신의 취향 말하기 • 상대방의 취향 물어보기
2과	인물 Person	N에게(서)/한테(서)/께 V—(으)ㄴ + N V—(으)ㄹ + N V—고 있다 [2]	• 착의 동사 이용해서 표현하기 • 관형형을 이용해서 사람 찾기
3과	여행 Trips	V—(으)ㄹ까 하다 V—아/어/여 봤다 '으' 불규칙 A—(으)ㄴ 것 같다, V—(으)ㄴ/는 것 같다	• 여행지의 경험 이야기하기 • 사진 보고 추측하기
4과	상황과 감정 Context and Emotions	V—거나 N 때, A/V—(으)ㄹ 때 V—(으)면 되다 V—기 전에	• 상황에 맞게 자신의 감정을 말하기 • 문제 상황에 대해 해결책 묻고 답하기
5과	아르바이트 Part time jobs	N 중에서 N보다 더/덜 V—(으)려면 V—지 마세요 사동사 '—이—'	• 아르바이트 경험에 대해서 이야기하기 • 아르바이트 광고 만들기
6과	바람 Hope	N(이)나/ N밖에 'ㅅ' 불규칙 A/V—(으)면 좋겠다, A/V—았/었/였으면 좋겠다 A/V—(으)니까	• 긍정적, 부정적 표현하기 • 바라는 사항과 그 이유 표현하기

	주제 Topic	문법 Grammar	활동 Task
7과	문화 소개 Culture	N-(이)라고 하다 N-이/가 아니라 N-인지 알다/모르다 V—는지 알다/모르다	• 별명에 대해 이야기하기 • 한국과 다른 자신의 나라 문화 특징 소개하기
8과	집안일 Housework	A/V—거든요 V—(으)ㄴ 지 N이/가 되다 A—아/어/여지다 사동사 '—우—', '—기—'	• 자신이 한 집안일 말하기 • 세탁소에서 볼일 보기
9과	모습 Appearance	A—게 V—(으)ㄹ래요 '르' 불규칙 A—아/어/여 보이다 A/V—(으)ㄴ/는데	• 모습을 표현하기 • 상대방 상황에 맞는 말 걸기
10과	요리 Cooking	V—(으)ㄴ 후에 A/V—아/어/여야 V—기 사동사 '—히—', '—리—'	• 요리 관련 어휘를 이용해서 표현하기 • 요리 순서를 설명하기
11과	약속 Appointment	V—지 말고 N 중, V—는 중이다 V—기로 하다 V—자마자	• 약속 제안, 거절하기 • 약속한 내용 전달하기
12과	일상생활 Daily Life	V—다(가) V—(으)면서 'ㄷ' 불규칙 반말 '—다'	• 자신의 일상생활에 대해 말하기 • 일기쓰기

차례

Contents

취향

Taste

LESSON 01

1. 어휘

2. 문법

A/V-지요?

V-는 + N

'ㄹ' 불규칙

V-고 있다 1

V-(으)려고 하다

3. 쓰기

LESSON

01 취향 Taste

어휘

1. 다음 알맞은 단어를 넣으세요.

보기
고치다　인기　방법　씻다　도착하다

❶ TV가 고장났어요. 그래서 지금 TV를 고쳐요.

❷ 요즘 이 노래가 ________가 많아요.

❸ 집에 오면 항상 손을 ________.

❹ 비행기가 2시 30분에 ________.

❺ 부산에 어떻게 갈 수 있어요? ________을 가르쳐 주세요.

2. 다음 단어로 짧은 문장을 만드세요.

❶ 계획

____

❷ 자주

____

❸ 별로 ~ 안

____

④ 열다

____

⑤ 출발하다

____

문법

• A/V -지요?

1. '-지요?'를 사용하여 문장을 만드세요.

❶ 가: 날씨가 정말 좋지요 ?

나: 네, 날씨가 정말 좋네요!

❷ 가: ______________________________?

나: 그럼요. 저는 매일 한국어 공부를 해요.

❸ 가: ______________________________?

나: 네, 저는 닭고기를 좋아해요.

❹ 가: ______________________________?

나: 네, 그 사람을 잘 알아요.

❺ 가: ______________________________?

나: 아니요, 일본어를 안 배웠어요.

❻ 가: ______________________________?

나: 네, 예쁜 옷들이 많아요.

2. 다음 그림을 보고 '-지요'를 사용하여 대화를 만드세요.

❶

가: 길에 차가 많지요 ?

나: 네, 아주 복잡해요 .

❷

가: ______________________

나: ______________________

❸

가: ______________________

나: ______________________

❹

가: ______________________

나: ______________________

❺

가: ______________________

나: ______________________

● V-는 + N

1. '-는' 을 사용하여 빈칸을 쓰세요.

마시다/물	마시는 물
읽다/책	
만나다/장소	
갈아타다/곳	
듣다/음악	
도착하다/시간	
*팔다/사람	
*놀다/곳	
*만들다/사람	

❶ 가: 저 남자는 누구예요?

나: (피자를 배달하다/남자) 피자를 배달하는 남자 예요.

❷ 가: 어느 식당에 갈까요?

나: (학교 근처에 있다/식당) ______________________ 으로 갑시다.

❸ 가: 언제 담배를 피울 거예요?

나: (쉬다/시간) ______________________ 에 피울 거예요.

❹ 가 : 지금 밖에 사람들이 많아요?

나: 네, 밖에 (*놀다/아이들) ______________________ 이 많아요.

❺ 가: 된장찌개 (*만들다/방법) ______________________ 을 아세요?

나: 네, 알아요. 한국 친구가 가르쳐 줬어요.

❻ 가: 한국 사람들은 모두 매운 음식을 좋아해요?

나: 아니요, (안 좋아하다/사람들) ________________________ 도 있어요.

2. 다음은 어떤 곳입니까? 알맞은 것을 연결하세요.

매표소 •	• 책을 파는 곳
탈의실 •	• 쉬는 곳
휴게실 •	• 옷을 갈아입는 곳
서점 •	• 표를 살 수 있는 곳
부동산 •	• 집을 소개해 주는 곳

3. 다음 그림을 보고 사람을 찾으세요.

보기

오른쪽/왼쪽에 있다　옆에 있다　뒤에 있다　앞에 있다

❶ 가: 제일 오른쪽에 있는 사람이 누구예요 ?

나: 선영 씨예요 .

❷ 가: 선희 씨 뒤에 있는 사람이 누구예요?

나: ________________.

❸ 가: ________________?

나: 현경 씨예요.

❹ 가: ________________?

나: 지훈 씨예요.

❺ 가: ________________?

나: 선희 씨예요.

● 'ㄹ' 불규칙

1. 다음 중에서 맞는 것을 고르세요.

❶ 다음 단어를 사용하여 문장을 (만들으세요/만드세요)

❷ 이 근처에 (살는/사는) 사람이 누구예요?

❸ 저는 우리 학교에서 (알는/아는) 사람이 많아요.

❹ 오늘 아침 9시에 식당 문을 (열습니다/엽니다).

❺ 커피숍에서 신문을 (팔습니다/팝니다).

• V-고 있다 1

1. 이 사람들은 지금 무엇을 하고 있습니까? '-고 있다'를 사용하여 문장을 만드세요.

보기

❶ 가: 조소영 씨는 지금 뭐 하고 있습니까?

나: 기타를 치고 있어요 ____________.

❷ 가: 김지현 씨는 누구에게 선물을 주고 있어요?

나: ____________

❸ 가: ____________

나: 김봉국 씨는 청소를 하고 있어요.

❹ 가: 김이형 씨는 지금 뭐 하고 있어요?

나: ____________

❺ 가: 노래하고 있는 사람이 누구예요?

나: ____________

⑥ 가: 친구와 인사하고 있는 사람이 누구예요?

나: ______________________________

⑦ 가: ______________________________

나: 구은자 씨예요.

⑧ 가: ______________________________

나: 이종걸 씨예요.

• V-(으)려고 하다

1. 다음 주 계획입니다. '-(으)려고 하다'를 사용하여 문장을 만드세요.

보기

❶ 월요일에 뭐 해요?

소포를 보내려고 해요.

❷ 언제 친구를 만나려고 해요?

____

❸ 목요일에 뭐 하려고 해요?

____

❹ 언제 청소하려고 해요?

____

❺ 일요일에 뭐 할 거예요?

____

2. '-(으)려고 하다'를 사용하여 대답을 쓰세요.

❶ 이번 주말에 뭐 하려고 해요?

집에서 쉬려고 해요.

❷ 오늘 수업이 끝나면 뭐 할 거예요?

____

❸ 내년에 무슨 계획 있어요?

____

❹ 언제 고향에 가려고 해요?

____

❺ 오늘 어디에서 점심을 먹을 거예요?

____

쓰기

1. 여러분은 뭐 하는 것을 좋아합니까? 그 이유는 무엇입니까?
그리고 뭐 하는 것을 싫어합니까? 그 이유는 무엇입니까? 써 보세요.

인물

Person

LESSON

02

1. 어휘

2. 문법

   N에게(서)/한테(서)/께

   V-(으)ㄴ + N

   V-(으)ㄹ + N

   V-고 있다 2

3. 쓰기

LESSON
02 인물 Person

어휘

1. 다음 알맞은 단어를 넣으세요.

보기					
쓰다	메다	매다	끼다	차다	신다

❶ 저는 눈이 나빠요. 그래서 안경을 쓰요 ______.

❷ 요즘 큰 가방을 ______ 사람이 많아요.

❸ 우리 오빠는 멋있는 넥타이를 ______.

❹ 그 여자는 결혼을 했어요.

그래서 네 번째 손가락에 반지를 ______.

❺ 그 남자는 키가 좀 작아요. 그래서 높은 구두를 ______.

2. 다음 단어로 짧은 문장을 만드세요.

❶ 특별하다

______

❷ 이따가

______

❸ 정도

____

❹ 계속

____

❺ 주인공

____

문법

• N에게(서)/한테(서)/께

1. 다음에 알맞은 것을 고르세요.

보기	에게(서)/한테(서)/께	을/를	이/가	에서	에

❶ 가: 지금 뭐 해요?

나: 편지 읽어요.

가: 누구(　　　　　　) 편지가 왔어요?

나: 엄마가 편지를 보내셨어요.

❷ 가: 배(　　　　　　) 고파요.

나: 그래요? 언제 먹었어요?

가: 오전 11시(　　　　　　) 먹었어요.

❸ 가: 어제 선물(   ) 샀어요. 어때요?

나: 와, 정말 예뻐요. 그 선물 누구(   ) 줄 거예요?

가: 내일 친구 생일이에요. 그래서 준비했어요.

❹ 가: 마이클, 전화왔어요. 빨리 받으세요.

나: 누구예요?

가: 선생님(   ) 전화왔어요.

나: 네, 잠깐만요.

• V-(으)ㄴ+N

1. '-(으)ㄴ' 을 사용하여 빈칸을 쓰세요.

공부하다/교과서	공부한 교과서
먹다/빵	
보내다/편지	
사다/물건	
받다/선물	
*듣다/음악	
*팔다/차	
*만들다/음식	

2. '-(으)ㄴ'을 사용하여 문장을 만드세요.

❶ 가: 어제 (만났어요/사람) ___만난 사람___ 이 어땠어요?

나: 친절하고 재미있는 사람이었어요.

❷ 가: 무슨 책을 읽어요?

나: 지난주에 (빌렸어요/책) ______________ 을 읽어요.

❸ 가: 어제 (먹었어요/피자) ______________ 가 어땠어요?

나: 맛있었어요.

❹ 가: 김밥을 샀어요?

나: 아니요, 집에서 (*만들었어요/김밥) ______________ 이에요.

3. 오늘 우리 반 학생들은 어땠습니까? 우리 반 학생들의 이름을 써 보세요.

보기

(1) 숙제를 안 했어요. (2) 학교에 늦게 왔어요.

(3) 교실에서 음식을 먹었어요. (4) 한국에 오래 살았어요.

❶ 가: 오늘 숙제를 ___안 한___ 사람이 누구예요?

나: ___미희___ 씨예요.

❷ 가: 오늘 학교에 ______________ 사람이 누구예요?

나: ______________ 씨예요.

❸ 가: 오늘 교실에서 음식을 ______________?

나: ______________ 씨예요.

❹ 가: 한국에 오래 ______________?

나: ______________ 씨예요.

● V-(으)ㄹ + N

1. '-(으)ㄹ'을 사용하여 빈칸을 쓰세요.

하다/일	할 일
먹다/음식	
준비하다/일	
만나다/장소	
초대하다/사람	
*듣다/노래	
*팔다/물건	
*살다/나라	
*만들다/빵	

2. '-(으)ㄹ'을 사용하여 문장을 만드세요.

❶ 가: 이게 뭐예요?

나: 언니에게 (보낼 거예요/소포) ___보낼 소포___ 예요.

❷ 가: 명동에서 뭐 살 거예요?

나: 결혼식에 (입을 거예요/옷) ______________ 을 살 거예요.

❸ 가: 내일 어떤 사람이 필요해요?

나: 사진을 (찍어 줄 거예요/사람) ______________ 이 필요해요.

❹ 가: 생일 파티에 (도와 줄 거예요/일) ______________ 이 있어요?

나: 네, 주스를 좀 사 오세요.

V-고 있다 2

1. 다음을 읽고 그림을 그려 보세요.

보기

미영 씨는 짧은 치마와 반팔 티셔츠를 입고 있어요. 그리고 예쁜 모자를 쓰고 있어요. 미영 씨는 눈이 나빠요. 그래서 안경을 썼어요. 그리고 높은 구두를 신고 있고 큰 가방을 어깨에 메고 있어요. 귀여운 귀걸이를 했어요.

쓰기

1. 여러분은 어떤 옷을 좋아합니까? 그 이유는 무엇입니까?
   그리고 어떤 옷을 싫어합니까? 그 이유는 무엇입니까? 써 보세요.

여행

Trips

LESSON 03

1. 어휘

2. 문법
   V-(으)ㄹ까 하다
   V-아/어/여 봤다
   '으' 불규칙
   A-(으)ㄴ 것 같다
   V-(으)ㄴ/는 것 같다

3. 쓰기

LESSON

03 여행 Trips

어휘

1. 다음 알맞은 단어를 넣으세요.

보기

다녀오다	떠나다	구경하다	결혼하다
편리하다	닦다	잃어버리다	연락하다

❶ 어제 친구랑 같이 명동에 갔어요. 거기에서 옷가게를 많이 구경했어요.

❷ 서울에서 지하철이 ____________. 그래서 자주 지하철을 타요.

❸ 우리는 7시 비행기를 타려고 해요. 그래서 집에서 4시에 ____________.

❹ 우리 가족은 지난 주말에 부산에 ____________.

❺ 어제 우산을 ____________. 그래서 오늘 우산이 없어요.

2. 알맞은 단어를 연결하세요.

❶ 계획 •　　　• 제 고향은 (　　　　)이 편리해요.

❷ 교통 •　　　• 이번 주말에 할 일이 없어요. (　　　　)이 없어요.

❸ 경치 •　　　• 이곳의 (　　　　)가 정말 아름다워요,

❹ 기회 •　　　• 서울의 (　　　　)가 많이 비싸요.

❺ 물가 •　　　• (　　　　)가 있으면 제주도에 가 보세요.

문법

V-(으)ㄹ까 하다

1. 다음 단어를 사용하여 문장을 만드세요.

보기

머리를 자르다	여행을 떠나다	쇼핑을 하다
친구들을 초대하다	김밥을 만들다	한국에서 살다

❶ 요즘 사고 싶은 옷이 있어요.

그래서 오늘 저녁에 시간이 있으면 친구랑 같이 쇼핑을 할까 해요.

❷ 이번 토요일이 제 생일이에요.

토요일 저녁에 우리집에 ________________.

❸ 저는 한국 요리를 조금 할 수 있어요.

내일 저녁에 친구들이 우리집에 오면 ________________.

❹ 요즘 너무 피곤해서 쉬고 싶어요.

다음 달에 시간이 있으면 ________________.

❺ 제 머리가 너무 길어서 ________________.

❻ 가: 언제까지 한국에서 살 거예요?

나: 내년까지 ________________.

• V-아/어/여 봤다

1. '-아/어/여 봤다'를 사용하여 빈칸을 쓰세요.

	-아/어/여 보셨어요?	-아/어/여 봤어요	-아/어/여 보세요
가다	가 보셨어요?	네, 가 봤어요.	가 보세요
마시다		아니요,	
보내다		네,	
받다		아니요,	
먹다		네,	
일하다		네,	
*듣다		아니요,	

2. '-아/어/여 봤다'를 사용하여 문장을 만드세요.

❶ 가: 경주에 가 봤어요?

나: 아니요, 아직 안 가 봤어요 ________.

❷ 가: 갈비탕을 먹어 봤어요?

나: 네, ________________.

❸ 가: 한국에서 백화점을 구경해 봤어요?

나: ________________.

❹ 가: 혼자 택시를 타 봤어요?

나: ________________.

⑤ 가: 한국어로 이메일을 보내 봤어요?

나: ________________________________.

⑥ 가: 빵을 만들어 봤어요?

나: ________________________________.

3. '-아/어/여 보다'를 사용하여 대화를 만드세요.

❶ 가: (부산/가다) 부산에 가 봤어요 ?

나: 아니요, 아직 안 가 봤어요 .

가: 그럼 한번 가 보세요 .

나: 네, 그럴게요.

❷ 가: (그 여자/만나다) ________________________________?

나: 네, ________________________________.

가: 어땠어요?

나: 정말 재미있는 여자였어요.

❸ 가: (서울/운전하다) ________________________________?

나: 아니요, ________________________________.

가: 그럼 한 번 ________________________________

나: 네, 그럴게요.

❹ 가: (말/타다) ________________________________?

나: 네, ________________________________

가: 무섭지 않았어요?

나: 네, 안 무서웠어요.

❺ 가: (이 노래/듣다) ______________________________?

나: 아니요, ______________________________

가: 그럼, 한번 ______________________________

❻ 가: (비빔밥/먹다) ______________________________?

나: 네, ______________________________

가: 매웠어요?

나: 아니요, 괜찮았어요. 기회가 있으면 또 먹고 싶어요.

● '으' 불규칙

1. 다음 중에서 맞는 것을 고르세요.

❶ 나는 그 사람의 이름을 (모라요, 몰라요)

❷ 어제 산 가방이 정말 (예쁘요, 예뻐요)

❸ 지금 너무 (배 고프고, 배 고파고) 추워요.

❹ 오늘 저는 (바빠서, 빠쁘서) 지형 씨의 생일 파티에 갈 수 없어요.

❺ 내일 날씨가 (나빠면, 나쁘면) 집에 있을 거예요.

❻ 어제 배가 많이 (아프었어요, 아팠어요)

• A-(으)ㄴ 것 같다

1. '-(으)ㄴ 것 같다'를 사용하여 빈칸을 쓰세요.

싸다	싼 것 같아요.
크다	
작다	
높다	
맛있다	
어렵다	
덥다	

2. 다음 단어를 사용하여 문장을 만드세요.

보기: 비싸다 많다 춥다 맛있다 재미없다 작다 맵다 편리하다

❶ 가: 한국의 집 값이 어때요?

나: 한국의 집은 비싼 것 같아요 ____________.

❷ 가: 서울의 겨울 날씨가 어때요?

나: 안 ____________.

❸ 가: 이 음식이 많이 매워요?

나: 네, ____________. 사람들이 물을 많이 마셔요.

❹ 지하철을 타는 것이 안 어려워요.

서울의 지하철은 ____________.

❺ 이 식당의 음식은 조금 맵지만 ________________.

그래서 사람들도 많이 와요.

❻ 일요일에 명동에 가면 사람들이 ________________.

지난 일요일과 이번 일요일에 모두 사람이 많았어요.

• V-(으)ㄴ/는 것 같다

1. '-(으)ㄴ/는 것 같다'를 사용하여 빈칸을 쓰세요.

	-는 것 같다	-(으)ㄴ 것 같다
가다	가는 것 같아요.	간 것 같아요
타다		
받다		
입다		
듣다		
만들다		
열다		

2. '-는 것 같다'를 사용하여 문장을 만드세요.

보기 오다 좋아하다 이사하다 열다 배우다 입다

❶ 미소 씨는 커피를 좋아하는 것 같아요. 매일 아침 학교에서 커피를 마셔요.

❷ 그 빵집은 일요일에 문을 안 ________________.

일요일에 가면 항상 문을 닫았어요.

❸ 한국 사람들은 한복을 많이 안 ____________________.

길에서 한복 입은 사람을 못 봤어요.

❹ 오늘 아랫집이 ____________________.

밖이 아주 시끄러워요.

❺ 외국 사람이 한국어를 ____________________.

한국어 책을 보고 있어요.

❻ 한국은 7월에 비가 자주 ____________________.

오늘도 비가 오고 있어요.

3. '-(으)ㄴ 것 같다'를 사용하여 문장을 만드세요.

보기					
떠나다	마시다	청소하다	잃어버리다	가다	끝나다

❶ 동생이 학교에 __간 것 같아요__. 집에 동생이 없어요.

❷ 학생들이 쉬는 시간에 ____________________. 교실이 아주 깨끗해요.

❸ 수업이 ____________________. 교실에 학생들이 없어요.

❹ 기차역에 갔지만 부산에 가는 기차가 없어요.

기차가 ____________________.

❺ 그 사람이 술을 ____________________. 술 냄새가 많이 나요.

❻ 가방 안에 제 USB가 없어요. 어제 교실에서 ____________________.

쓰기

▶ 여러분은 한국에서 어디에 가 봤습니까? 그곳은 어땠습니까? 그곳에서 무엇을 했습니까? 써 보세요.

상황과 감정

Context and Emotions

LESSON 04

1. 어휘

2. 문법

   A/V-거나

   N 때, A/V-(으)ㄹ 때

   V-(으)면 되다

   V-기 전에

3. 쓰기

LESSON

04 상황과 감정 Context and Emotions

어휘

1. 다음 알맞은 단어를 넣으세요.

보기

그때 찜질방 모습 하품 어젯밤 방법 면접

❶ 문제가 생기면 좋은 ___방법___을 생각해 보세요.

❷ 학교에 도착했어요. ______________ 친구가 저에게 전화를 했어요.

❸ 내일 오전 9시에 ______________ 시험이 있어요.

이 시험에 합격하면 취직할 수 있어요.

❹ 오늘 너무 피곤해서 수업시간에 계속 ______________을 했어요.

❺ 저는 지난 토요일에 친구하고 ______________에 다녀왔어요.

2. 다음 상황에 맞는 단어를 연결하세요.

❶ 지난 밤에 잠을 못 잤을 때 •

❷ 재미없는 영화를 오래 볼 때 •

❸ 비가 오는 날 고향에 가고 싶을 때 •

• 지루하다

• 긴장하다

• 졸리다

• 우울하다

• 불편하다

문법

A/V-거나

1. '-거나'를 사용하여 문장을 만드세요.

❶ 가: 날씨가 너무 더우면 어떻게 해요?

나: 시원한 곳에 가거나 에어컨을 켜요 .

❷ 가: 보통 주말에 무엇을 해요?

나: ______________________.

❸ 가: 시간이 많으면 뭐 하세요?

나: ______________________.

❹ 가: 감기에 걸리면 어떻게 하세요?

나: ______________________.

❺ 가: 저녁에 무엇을 먹을 거예요?

나: ______________________.

❻ 가: 친구가 저 때문에 화가 났어요. 어떻게 해야 해요?

나: ______________________.

2. 다음 상황에 있는 친구에게 좋은 방법을 말해 보세요

	상황	방법
(1)	방학이어서 시간이 많아요. 그래서 심심해요.	"운동을 하거나 친구를 만들어 보세요."
(2)	너무 뚱뚱해요. 어떻게 해야 해요?	
(3)	한국어를 잘 하고 싶어요. 그런데 잘 안돼요.	
(4)	요리가 너무 어려워요. 만든 음식이 맛이 없어요.	
(5)	친구 생일 선물을 어디에서 사면 좋아요?	
(6)	매일 늦게 자요. 그래서 학교에 매일 늦어요.	

• N 때, A/V-(으)ㄹ 때

1. 어떤 때입니까? 그림을 보고 〈보기〉에서 골라 문장을 쓰세요.

보기

식사 때　　크리스마스 때　　시험 때　　방학 때　　중학생 때　　6살 때

❶

작년 __크리스마스 때__ 우리는 맛있는 식당에서 식사를 했어요.

❷

____________ 친구들과 제주도에 갈 거예요.

❸ 

__________ 저는 흰색 블라우스와 파란색 치마를 입고 학교에 다녔어요.

❹ 

__________ 부산에 살았어요.

2. '-(으)ㄹ 때'를 사용하여 문장을 만드세요.

❶ 기분이 좋아요. 그때 노래를 해요.

→ 기분이 좋을 때 노래를 해요.

❷ 좋아하는 친구와 이야기해요. 그때 시간이 빨리 가요.

→ __________

❸ 고향에 살았어요. 그때 제일 행복했어요.

→ __________

❹ 날씨가 추워요. 그때 밖에서 오래 있으면 안 돼요.

→ __________

❺ 아르바이트를 했어요. 그때 일이 많아서 조금 힘들었어요.

→ __________

3. '-(으)ㄹ 때'를 사용하여 문장을 만드세요.

❶ 가: 친구가 언제 집에 왔어요?

나: 저녁을 먹고 있을 때 왔어요. (저녁을 먹고 있다)

❷ 가: 언제 영화 보러 갈까요?

나: ________________ (시간이 있다)

❸ 가: 언제 한국어를 공부했어요?

나: ________________ (고등학교에 다니다)

❹ 가: 언제 제일 행복했어요?

나: ________________ (가족과 함께 시간을 보내다)

❺ 가: 친구에게 언제 사과할 거예요?

나: ________________

V -(으)면 되다

1. '-(으)면 되다'를 사용하여 문장을 만드세요.

❶ 가: 너무 늦어서 어떻게 해요?

나: 괜찮아요. 내일부터 일찍 오면 돼요. (일찍 오다)

❷ 가: 이번에 시험을 잘 못 봤어요.

나: 다음 시험에 ________________. (잘 보다)

❸ 가: 이 길로 가면 빨리 갈 수 없을 거예요. 괜찮아요?

나: 네, 1시까지만 ________________. (갈 수 있다)

❹ 가: 제가 이 일을 잘 할 수 있을까요?

나: 그럼요, 열심히 ______________________. (하다)

❺ 가: 시간이 없어요. 죄송하지만 빨리 좀 주세요.

나: 잠깐만 ______________________. (기다리다)

• V-기 전에

1. 다음 그림을 보고 '-기 전에'를 사용하여 문장을 만드세요.

❶ 

→ 텔레비전을 보기 전에 숙제를 해요______________________.

❷ 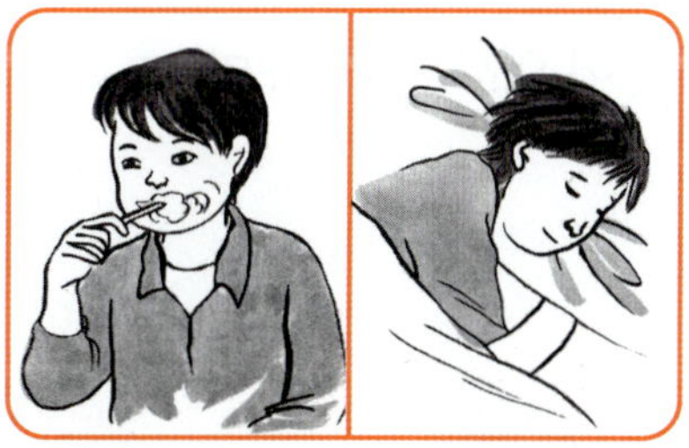

→ ______________________.

❸ 

→ ______________________.

❹ 

→ ______________________.

❺ 

→ ______________________________.

❻ 

→ ______________________________.

2. '-기 전에'를 사용하여 문장을 만드세요.

❶ 가: 오늘 집에 빨리 가야 해요?

나: 네, 집에 가서 손님이 오기 전에 요리를 준비해야 해요. (손님이 오다)

❷ 가: 이 일을 ______________ 어떤 일을 했어요? (시작하다)

나: 인터넷 쇼핑 사업을 했어요.

❸ 가: 시험 공부를 다 했어요?

나: 그럼요, ______________ 다 했어요.(학교에 도착하다)

❹ 가: 내일 면접이 있어요. 무엇을 준비해야 해요?

나: ______________ 질문을 준비해 보세요. (면접을 보다)

❺ 가: 이 약을 언제 먹어요?

나: ______________ 드세요.(아침 먹다)

쓰기

▶ 기분이 우울한 친구에게 어떤 말을 해 주고 싶어요? 좋은 방법과 그 이유를 써 보세요.

아르바이트

Part time jobs

LESSON

05

1. 어휘

2. 문법

   N 중에서

   N보다 더/덜

   V-(으)려면

   V-지 마세요

   사동사 '-이-'

3. 쓰기

LESSON

05 아르바이트 Part time jobs

어휘

1. 다음 중에서 단어의 반대말을 찾으세요.

보기

낮다	좁다	조용하다	맵다	좋다	작다
어렵다	느리다	덥다	적다	깨끗하다	가볍다

❶ 크다 ↔ (　작다　)

❷ 높다 ↔ (　　　)

❸ 무겁다 ↔ (　　　)

❹ 시끄럽다 ↔ (　　　)

❺ 더럽다 ↔ (　　　)

❻ 빠르다 ↔ (　　　)

❼ 많다 ↔ (　　　)

❽ 쉽다 ↔ (　　　)

❾ 넓다 ↔ (　　　)

2. 다음 단어를 사용하여 짧은 문장을 만드세요.

❶ 관심 있다

___

❷ 구하다

___

③ 복잡하다

____

④ 광고

____

문법

N 중에서

1. '중에서'를 사용하여 문장을 만드세요.

❶

가: 가족 사진이지요?

나: 네, 가족 중에서 아빠가 제일 커요.

❷

가: 어떤 동물을 좋아해요?

나: 저는 ______________________________.

❸

가: 무슨 과일이 제일 맛있어요?

나: 저는 ______________________________.

④ 

가: 무슨 음식이 맛있어요?

나: 저는 ______________________.

2. '중에서'를 사용하여 답하세요.

① 우리반 친구들 중에서 누구와 제일 친해요?

____

② 고향 음식 중에서 어떤 음식이 제일 먹고 싶어요?

____

③ 한국 가수 중에서 누가 제일 좋아요?

____

• N보다 더/덜

1. '보다 더(덜)'을 사용하여 문장을 만드세요.

①

문법 수업	100분
듣기 수업	50분

가: 두 수업 중에서 어떤 수업이 더 길어요 ?

나: 문법 수업이 듣기 수업보다 더 길어요 .

❷

코끼리	240Kg
기린	215Kg

가: 코끼리랑 기린 중에서 어느 것이 덜 무거워요?

나: ______________________________.

❸

이미연 씨	95점
박진주 씨	78점

가: 두 사람 중에서 누가 시험을 더 잘 봤어요?

나: ______________________________.

❹

김진수 씨	180cm
이민수 씨	172cm

가: 두 사람 중에서 누가 덜 커요?

나: ______________________________.

❺

부산	−3˚C
서울	−10˚C

가: ______________________________?

나: ______________________________.

• V-(으)려면

1. '-(으)려면' 을 사용하여 빈칸을 쓰세요.

가다	가려면
먹다	
배우다	
*만들다	
*살다	
*듣다	

2. '-(으)려면' 을 사용하여 문장을 만드세요.

❶ 집들이에 가려고 해요. 그러면 무엇을 사야 돼요?

→ 집들이에 가려면 무엇을 사야 돼요 ?

❷ 일찍 일어나려고 해요. 그러면 일찍 자야 돼요.

→ ______________________________ .

❸ 비행기 표를 예약하려고 해요. 그러면 어떻게 해야 돼요?

→ ______________________________ ?

❹ 약속 시간에 도착하려고 해요. 그러면 지금 출발해야 돼요.

→ ______________________________ .

❺ 지하철 4호선을 타려고 해요. 그러면 이번 역에서 갈아 타세요.

→ ______________________________ .

3. 다음 문장을 만드세요.

❶ 싼 옷을 사려면 동대문 시장에 가 보세요.

❷ 감기에 안 걸리려면 ______.

❸ 제주도에 가려면 ______.

❹ 이사를 하려면 ______.

● V-지 마세요

1. 다음 장소에서 할 수 없는 것은 무엇일까요? '-지 마세요'를 사용해서 하면 안 되는 일을 쓰세요.

❶ 도서관

* 책에 쓰지 마세요
* ______
* ______

❷ 지하철

* ______
* ______
* ______

❸ 박물관

* ______
* ______
* ______

● 사동사 '-이-'

1. 다음 단어를 사용하여 문장을 만드세요.

보기

-이-	• 먹다 – 먹이다 • 죽다 – 죽이다 • 붙다 – 붙이다 • 속다 – 속이다

❶ 아이가 우유를 먹어요.

→ 어머니가 아이에게 우유를 먹입니다 .

❷ 파리가 죽었어요.

→ 동생이 파리를 ____________________.

❸ 스티커가 붙었어요.

→ 선생님이 ____________________.

❹ 제 형은 다른 사람한테 속았어요.

→ 사람들이 제 형을 ____________________.

2. 다음 중에서 알맞은 것을 골라 쓰세요.

❶ [먹다 – 먹이다]

엄마가 안 계시는 동안 형은 아픈 동생에게 약을 (먹였어요).

❷ [죽다 – 죽이다]

어젯밤에 우리집 강아지가 (   )서 너무 슬퍼요.

③ [붙다 – 붙이다]

친구는 아르바이트 광고를 만들고 학교 벽에 광고를 (   ).

④ [속다 – 속이다]

언니가 동생에게 거짓말을 했어요.

동생은 언니의 말을 믿었어요. 동생은 언니에게 (   ).

쓰기

▶ 아르바이트 경험을 써 봅시다. 여러분은 언제 어떤 아르바이트를 어디에서 해 봤습니까? 시급과 장소는 어땠습니까? 써 보세요.

바람

Hope

LESSON

06

1. 어휘

2. 문법
   N(이)나/N밖에
   'ㅅ' 불규칙
   A/V-(으)면 좋겠다, A/V-았/었/였으면 좋겠다
   A/V-(으)니까

3. 쓰기

LESSON

06 바람 Hope

어휘

1. 알맞은 단어를 넣으세요.

보기						
용돈	고민	굽	비밀	음료수	공연	빨리

❶ 이 일은 친구에게도 말할 수 없는 비밀 이에요.

❷ 한 달 전부터 학생들은 열심히 축하 ______________ 을/를 준비했어요.

❸ 어제 물건을 너무 많이 사서 일주일 동안 쓸 ______________ 을/를 다 썼어요.

❹ 오늘 하루 종일 ______________ 이/가 높은 구두를 신어서 발이 아파요.

❺ 식사 후에 어떤 ______________ 을/를 마실까요?

2. 다음 단어를 사용하여 짧은 문장을 만드세요.

❶ 남다

____

❷ 마르다

____

문법

• N(이)나/N밖에

1. '(이)나' 와 '밖에' 중 하나를 고르세요.

❶ 그 일은 매우 어려운 일이어서 십 년(이나/밖에) 걸렸어요.

❷ 외국에서 온 사람은 두 명(이나/밖에) 없어요.

❸ 동생은 방에서 한 시간(이나/밖에) 울었어요.

❹ 제 마음을 아는 사람은 어머니 한 분(이나/밖에) 없을 거예요.

❺ 할 일이 많아서 어제 세 시간 (이나/밖에) 잠을 못 잤어요.

2. '(이)나' 나 '밖에' 를 사용하여 문장을 만드세요.

❶ 가: 사람들이 몇 명 왔어요? 조금 왔지요?

나: 아니요, 백 명이나 왔어요 ____________________.

❷ 가: 어제 쇼핑할 때 돈을 많이 썼어요?

나: 네, ____________________.

❸ 가: 하나 씨는 커피를 많이 마시지요?

나: 네. 하루에 ____________________.

❹ 가: 여기 있는 빵을 다 드셨어요?

나: 아니요, ____________________.

⑤ 가: 바빠서 잠도 못 잤지요?

나: 네, ________________________________.

● 'ㅅ' 불규칙

1. 다음에 알맞은 것을 고르세요.

❶ 이 약을 먹으면 감기가 빨리 (낫을 거예요/나을 거예요).

❷ 저는 나중에 멋있는 집을 (짓고/지고) 싶어요.

❸ 줄이 너무 짧아요. 그래서 줄을 두 개 (잇었어요/이었어요).

❹ 너무 많이 (웃어서/우어서) 배가 아프네요!

❺ 아이가 혼자 손을 잘 (씻어요/씨어요).

● A/V-(으)면 좋겠다, A/V-았/었/였으면 좋겠다

1. '-(으)면 좋겠다'를 사용하여 문장을 만드세요.

❶ 우리집에 피아노가 없어요. 피아노가 있으면 좋겠어요________. (있다)

❷ 저는 그림을 잘 못 그려요. 그림을 잘 ________________. (그리다)

❸ 한국말을 잘 못해요. 한국말을 ________________. (잘하다)

❹ 저는 좀 뚱뚱해요 ________________. (날씬하다)

❺ 집이 학교에서 멀어요. 가까운 곳에 ________________. (살다)

2. '-(으)면 좋겠다, -았/었/였으면 좋겠다'를 사용하여 문장을 만드세요.

❶ 가: 학교에서 불편한 것은 뭐예요?

나: 학교 식당 음식이 맛있었으면 좋겠어요 ______________.

❷ 가: 주말에 뭘 하고 싶어요?

나: 친구하고 같이 ______________.

❸ 가: 대학교 졸업하면 뭘 할 거예요?

나: 좋은 회사에서 ______________.

❹ 가: 어떤 사람과 만나고 싶어요?

나: 마음이 넓고 ______________.

❺ 가: 저는 지금 불고기를 먹었으면 좋겠어요. 하나 씨는요?

나: 저는 ______________.

• A/V-(으)니까

1. 다음 알맞은 것을 연결하고 '-(으)니까'를 사용하여 문장을 만드세요.

❶ 수업이 끝났어요. •	• 따뜻한 차를 마시고 싶어요.
❷ 목이 말라요. •	• 열심히 공부합시다.
❸ 날씨가 추워요. •	• 다음에 만나요.
❹ 내일이 시험이에요. •	• 집에 빨리 갈까요?
❺ 오늘은 약속이 있어요. •	• 시원한 음료수 마실까요?

➡ ❶ 수업이 끝났으니까 집에 빨리 갈까요 ?

❷ ______________________________ .

❸ ______________________________ .

❹ ______________________________ .

❺ ______________________________ .

2. '-(으)니까'를 사용하여 문장을 만드세요.

❶ 오늘은 피곤하니까 집에서 푹 쉽시다.

❷ ____________________ 영화 보러 갈까요?

❸ ____________________ 저 식당에서 먹을까요?

❹ ____________________ 불을 켜 주세요.

❺ ____________________ 내일 만납시다.

쓰기

▶ 어렸을 때 소원이나 계획은 무엇이었습니까? 지금 이루어졌습니까? 앞으로 이루고 싶은 일은 무엇입니까? 써 보세요.

문화 소개

Culture

LESSON

07

1. 어휘

2. 문법
   - N(이)라고 하다
   - N이/가 아니라
   - N인지 알다/모르다
   - V-는지 알다/모르다

3. 쓰기

LESSON

07 문화소개 Culture

어휘

1. 다음 그림을 보고 알맞은 단어를 써 보세요.

보기

닫다	끝나다	뜨다	켜다	시작하다
끄다	지다	열다	타다	내리다

❶

아침 6시에 해가 떠요.

저녁 7시에 해가 져요.

❷

매일 아침에 버스를 ________.

집 앞 버스 정류장에서 ________.

❸

너무 어두워서 불을 ________.

잘 때 불을 ________.

④

추우면 창문을 ________________.

더우면 창문을 ________________.

⑤

9시에 수업을 ________________.

오후1시에 수업이 ________________.

2. 다음 단어를 사용하여 짧은 문장을 만드세요.

❶ 보관하다

____

❷ 실수

____

❸ 등록금

____

❹ 인기가 있다

____

문법

N(이)라고 하다

1. '(이)라고 하다'를 사용하여 문장을 만드세요.

❶ 가: '책을 많이 읽는 사람'을 뭐라고 해요 ?

나: '책벌레'라고 해요 .

❷ 가: 컴퓨터를 못하는 사람을 뭐라고 해요?

나: ________________.

❸ 가: ________________?

나: '맥주병' 이라고 해요.

❹ 가: ________________?

나: '호랑이 선생님' 이라고 해요.

❺ 가: ________________?

나: '땅콩' 이라고 해요.

N이/가 아니라

1. '이/가 아니라'를 사용하여 문장을 만드세요.

❶ 가: 수업 시작 시간이 10시예요?

나: 아니요, 10시가 아니라 9시예요 .

❷ 가: 우리 교실이 103호지요?

나: 아니에요, ________________.

❸ 가: 와, 멋있네요. 이거 그림 맞지요?

나: 아니요, ______________________.

❹ 가: 이 분이 아버지예요?

나: 아니요, ______________________.

❺ 가: 한국 신문을 보고 있어요?

나: 아니요, 이것은 ______________________.

2. 다음을 잘 읽고 '(이)가 아니라'를 사용하여 문장을 만드세요.

보기

안녕하세요. 제 이름은 '도진희'라고 합니다. 저는 부산에서 태어났고 올해 32살입니다. 저는 여동생과 남동생이 있지만 형이나 누나는 없습니다. 아버지는 학교에서 학생들을 가르치시고 어머니는 주부입니다.

저는 부산에서 대학교를 다녔습니다. 그리고 졸업을 한 후에 서울로 왔습니다. 지금은 은행에서 일을 하고 있습니다. 저는 학생 때 일요일마다 야구를 했는데 요즘은 바쁘고 피곤해서 야구를 할 시간이 많지 않습니다. 친구들과 같이 일요일마다 야구를 같이 할 수 있었으면 좋겠습니다.

❶ 가: 도진희 씨는 10대예요?

나: 아니요, 10대가 아니라 30대예요.

❷ 가: 도진희 씨의 고향은 서울이에요?

나: ______________________.

❸ 가: 도진희 씨 어머니는 선생님이세요?

나: ______________________.

❹ 가: 도진희 씨의 직장은 학교지요?

나: ____.

❺ 가: 도진희 씨가 좋아하는 것은 축구예요?

나: ____.

• N인지 알다/모르다

1. '인지 알다/모르다'를 사용하여 문장을 만드세요.

❶ 

가: (이 남자/누구)

이 남자가 누구인지 알아요?

나: 네, 알아요. 지난 주에 만났어요.

❷ 

가: (여기/어디)

____?

나: ____.

❸ 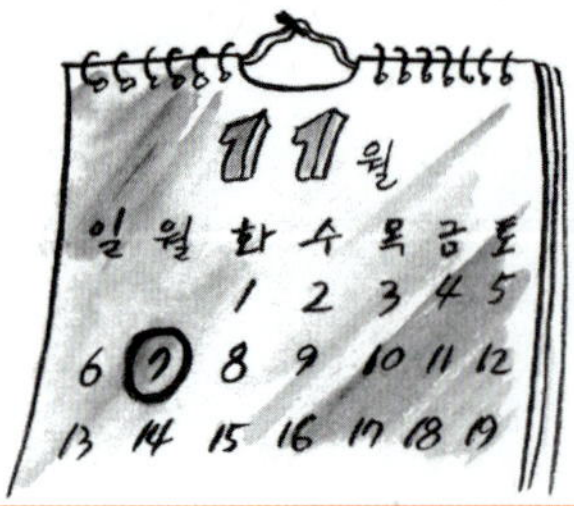

가: (지형 씨 생일/언제)

____?

나: ____.

❹ 

가: (이 옷/무엇)

____?

나: ____.

2. '인지 알다/모르다'를 사용하여 문장을 만드세요.

❶ 가: 저 사람의 이름이 무엇인지 아세요?

나: 네, 알아요. 저 사람의 이름은 제시카예요.

가: 그럼 ______________________________?

나: 그럼요. 알아요. 나이가 저보다 2살 많아요. 37살이에요.

❷ 가: ______________________________?

나: 네, 알아요. 화장실은 3층이에요.

가: 그렇군요.

❸ 가: ______________________________?

나: 아니요, 저도 지금 시계가 없어서 모르겠어요.
시계가 있는 사람한테 물어 보세요.

❹ 가: ______________________________?

나: 네, 알아요. 150,000원이에요.

가: 어떻게 알았어요? 옷에 있는 가격표를 봤어요?

나: 네, 봤어요.

• V-는지 알다/모르다

1. '-는지 알다/모르다'를 사용하여 빈칸을 쓰세요.

	-는지 알다
가다	가는지 알아요
잡다	
쓰다	
찍다	
듣다	
*만들다	
*살다	

2. '-는지 알다/모르다'를 사용하여 문장을 만드세요.

❶ 우리반 학생 중에서 누가 컴퓨터를 잘 고쳐요? 아세요?

→ 우리반 학생 중에서 누가 컴퓨터를 잘 고치는지 아세요 ?

❷ 공중전화를 어떻게 사용해요? 알아요?

→ ____________________?

❸ 닭고기를 얼마 동안 보관할 수 있어요? 아세요?

→ ____________________?

❹ 그 친구가 어디에 살아요? 아세요?

→ ____________________?

❺ 모기약을 어디에서 팔아요? 알아요?

→ ____________________?

⑥ 기차가 몇 시에 도착했어요? 아세요?

→ ____?

⑦ 어머니께서 어디에 가셨어요? 알아요?

→ ____?

쓰기

▶ 여러분은 한국에서 처음 본 것이 있습니까? 처음 경험한 것이 있습니까?
그 때 기분은 어땠습니까? 한국에서 처음 본 것이나 처음 경험해 본 것을 써 보세요.

집안일

Housework

LESSON

08

1. 어휘

2. 문법
   A/V-거든요
   V-(으)ㄴ 지 N이/가 되다
   A-아/어/여지다
   사동사 '-우-', '-기-'

3. 쓰기

LESSON 08 집안일 Housework

어휘

1. 그림을 보고 알맞은 단어와 연결하세요.

❶ 

❷ 

❸ 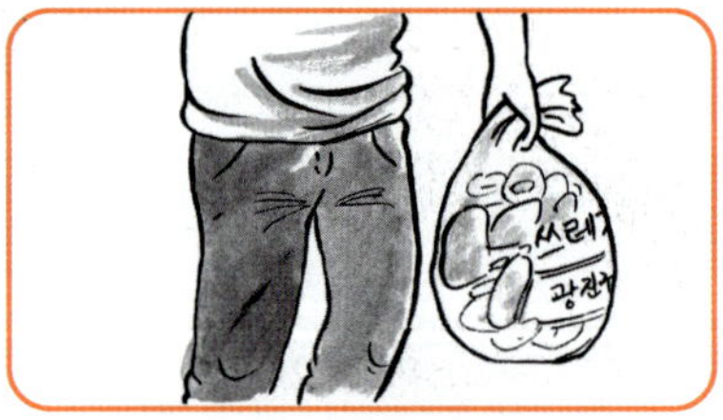

❹ 

❺ 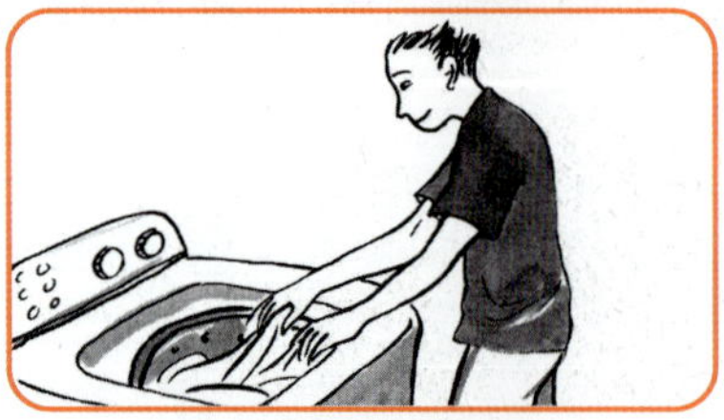

❻ 

- 쓰레기를 버려요.
- 책상 위를 정리해요.
- 설거지를 해요.
- 바닥을 닦아요.
- 청소기를 돌려요.
- 빨래를 해요.

2. 알맞은 단어를 넣으세요.

보기

맡기다	가져가다	사용하다	남기다
찾다	버리다	먹이다	

❶ 내일 산에 갈 때 카메라를 가져갈 거예요. 그리고 사진을 많이 찍을 거예요.

❷ 이 양복을 드라이클리닝해야 돼요. 오늘 오후에 세탁소에 가서 ________.

❸ 우유가 많이 남았어요. 아이들이 우유를 안 좋아해서 많이 ________.

❹ 핸드폰이 없으면 제 핸드폰을 ________.

문법

• A/V-거든요

1. '-거든요'를 사용하여 문장을 만드세요.

❶ 가: 왜 그 영화를 안 봐요?

나: 저는 그 영화에 나오는 영화배우를 안 좋아하거든요.

❷ 가: 음식을 왜 그렇게 많이 준비해요?

나: ________.

❸ 가: 왜 밤 늦게까지 공부하고 있어요?

나: ________.

④ 가: 무슨 일이 있어서 꽃다발을 샀어요?

나: ______________________________.

⑤ 가: 왜 어제 일찍 집에 갔어요?

나: ______________________________.

⑥ 가: 지난주에 무슨 일로 많이 바빴어요?

나: ______________________________.

2. 다음 글을 읽고 '-거든요'를 사용하여 질문에 답하세요.

보기

오늘 새벽 3시쯤에 전화가 왔습니다. 저는 전화 벨소리를 듣고 벌떡 일어났습니다. 그리고 전화를 받으러 거실로 빨리 뛰어가다가 방바닥에 있는 안경을 밟았습니다. 그래서 안경 다리가 부러졌습니다.

저는 눈이 너무 나빠서 안경이 없으면 아주 불편합니다. 오늘 중요한 약속이 있는데 안경 다리가 부러져서 큰일이었습니다. 하지만 오늘은 안경을 쓰지 않고 그냥 학교로 갔습니다.

버스를 타러 정류장으로 갔습니다. 저는 제가 매일 타는 115번 버스를 기다렸습니다. 곧 버스가 왔고 저는 그 버스를 탔습니다. 버스를 타고 10분쯤 갔습니다. 그런데 그 버스는 이상한 길로 가고 있었습니다. 저는 깜짝 놀라서 옆에 있는 아주머니께 "이 버스가 왜 이 길로 가요? 이 버스 115번 맞지요?"라고 여쭤 봤습니다. 그랬더니 아주머니께서 "아니에요, 이건 116번이에요."라고 대답했습니다. 그래서 저는 빨리 버스에서 내려서 택시를 타고 학교로 갔습니다.

① 이 사람은 왜 새벽 3시에 벌떡 일어났습니까?

→ 그 시간에 전화가 왔거든요.

② 왜 안경 다리가 부러졌습니까?

→ ______________________________.

❸ 이 사람은 왜 안경이 없으면 불편합니까?

→ ____.

❹ 이 사람은 안경이 부러져서 왜 걱정을 했습니까?

→ ____.

❺ 이 사람은 왜 아주머니께 버스 번호를 여쭤 봤습니까?

→ ____.

• V-(으)ㄴ 지 N이/가 되다

1. 다음 그림을 보고 '-(으)ㄴ 지 -이/가 되다'를 사용하여 문장을 만드세요.

보기

2년 전 1년 전 6개월 전 3개월 전 2일 전 지금

❶ 가: 한국에 언제 왔어요?

나: 한국에 온 지 2년 됐어요.

❷ 가: 언제 이사했어요?

나: ____.

❸ 가: 신분증 사진을 언제 찍었어요?

나: ____.

④ 가: 침대를 산 지 얼마나 됐어요?

나: ____.

⑤ 가: 언제 핸드폰을 샀어요?

나: ____.

2. '-(으)ㄴ 지 이/가 되다'를 사용하여 문장을 만드세요.

❶ 가: 한국에 온 지 얼마나 됐어요?

나: 한국에 온 지 6개월 됐어요.

❷ 가: 부모님이 결혼하신 지 얼마나 됐어요?

나: ____.

❸ 가: 언제 미용실에 갔다왔어요?

나: ____.

❹ 가: 언제 고등학교 졸업을 했어요?

나: ____.

❺ 가: 언제부터 지금 살고 있는 집에서 살았어요?

나: ____.

• A-아/어/여지다

1. '-아/어/여지다'를 사용하여 문장을 만드세요.

❶ 이 커피가 맛이 없어서 설탕을 더 넣었어요. 이제 커피가 맛있어졌어요 .

❷ 아침에 기분 나쁜 일이 있었어요.

하지만 오후에 친구를 만나서 기분이 ______________.

❸ 어제까지 백화점에 사람이 별로 없었어요.

그런데 오늘부터 세일을 해서 사람들이 ______________.

❹ 한국어를 공부할 때 1급까지 쉬웠어요.

하지만 2급부터 ______________.

❺ 아이가 더러운 손을 씻었어요. 손이 ______________.

❻ 지난달에는 수박이 많지 않아서 비쌌어요.

하지만 요즘은 수박이 많아서 ______________.

• 사동사 '-우-', '-기-'

1. 그림을 보고 문장을 만드세요.

보기

자다 – 재우다	타다 – 태우다	깨다 – 깨우다

❶ 

형이 동생을 자전거 뒤에 태웠어요. 그런데 동생이 너무 무거워서 조금 힘들었어요. 하지만 형은 자전거를 잘 타서 괜찮았어요.

❷ 

어머니는 매일 아침 아들을 ______________. 하지만 아들은 빨리 안 ______________. 아들은 조금 더 자고 싶어서 계속 침대에 누워 있어요.

❸ 

밤에 아빠는 아기를 ______________. 하지만 아기는 오후에 너무 많이 ______________. 그래서 지금 안 자고 싶어 해요. 아빠는 계속 아기에게 자장가를 불러 주고 있어요.

2. 그림을 보고 문장을 만드세요.

보기

숨다 – 숨기다　　웃다 – 웃기다　　남다 – 남기다　　씻다 – 씻기다

❶ 

나는 친구들과 숨바꼭질을 하고 있어요. 한 친구가 10을 세는 동안 빨리 숨어야 해요. 나는 먼저 강아지를 숨겼어요. 그리고 나는 다음에 숨을 거예요.

❷ 

태호 씨는 먹는 것을 좋아해서 항상 많이 먹어요. 오늘도 식당에서 이것저것 많이 주문했어요. 하지만 오늘은 음식이 많이 ______________. 이 식당의 음식이 너무 맛없어서 음식을 ______________.

❸ 

매일 저녁 누나와 동생은 같이 씻어요. 누나가 먼저 ________________. 그리고 다음에 누나가 동생을 ________________. 두 사람은 같이 씻는 시간을 좋아해요.

❹ 

나는 혼자 집에서 코미디 보는 것을 좋아해요. 지금 TV에 나오는 저 남자는 정말 ________________. 저 남자 이야기를 들을 때마다 나는 혼자 ________________.

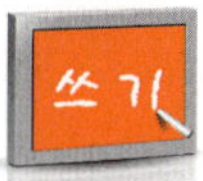

▶ 여러분 나라에서 결혼을 하면 보통 누가 집안일을 합니까? 여자와 남자 중에서 누가 집안일을 더 많이 합니까? 남자는 어떤 집안일을 하고 여자는 어떤 집안일을 합니까? 써 보세요.

모습

Appearance

LESSON

09

1. 어휘

2. 문법
   - A-게
   - V-(으)ㄹ래요
   - '르' 불규칙
   - A-아/어/여 보이다
   - A/V-(으)ㄴ/는데

3. 쓰기

LESSON

09 모습 Appearance

어휘

1. 다음 그림에 맞는 표현을 연결하세요.

❶  • • 긴머리

❷  • • 단발머리

❸  • • 커트머리

---

❶  • • 생머리

❷  • • 파마머리

2. 알맞은 단어를 넣으세요.

보기	기르다	다듬다	자르다	파마하다	염색하다

❶ 머리가 너무 길어요. 그래서 짧게 ________고 싶어요.

❷ 저는 오랫동안 생머리를 했어요. 그래서 좀 바꾸고 싶어요. ________ 주세요.

❸ 제 머리 색을 갈색으로 바꾸고 싶어요. ________ 주세요.

❹ 한 달 전에 커트를 했는데 좀 깨끗하지 않아요. 잘 ________ 주세요.

문법

A-게

1. 다음 그림을 보고 '-게'를 사용하여 문장을 만드세요.

❶ 

머리가 길어서 미용실에 가서 머리를 ___짧게___ 잘랐어요.

❷ 

생일 파티에서 친구들과 ________ 놀았어요.

❸  아침에 ____________ 일어나서 학교에 지각했어요.

❹  아이들이 밖에서 ______________ 떠들어서 정말 피곤해요.

❺  두 사람은 ______________ 오래 살았어요.

2. '–게' 를 사용하여 문장을 만드세요.

❶ 가: 라면을 __맛있게__ 끓이는 방법이 있어요?

나: 계란이나 김치를 넣어서 끓이면 맛있어요.

❷ 가: 감기에 걸리면 어떻게 해야 돼요?

나: 몸이 차가우면 안 돼요. 몸을 ______________ 해야 돼요.

❸ 가: 목소리가 너무 작아서 잘 들을 수 없어요. 좀 더 ____________ 말해 주세요.

나: 네, 알겠습니다.

❹ 가: 두 분 결혼 정말 축하해요. ______________ 잘 사세요.

나: 고마워요.

❺ 가: 하나 씨는 왜 사람들한테 인기가 많아요?

나: 이야기를 ______________ 해서 인기가 많아요.

• V-(으)ㄹ래요

1. '-(으)ㄹ래요'를 사용하여 문장을 만드세요.

❶ 가: 오늘 같이 커피숍에 갈래요 ?

나: 네, 그래요. 같이 가요.

❷ 가: 주말에 우리 집에서 친구들이랑 같이 ______________?

나: 미안해요. 주말에 제가 좀 바빠요.

❸ 가: 목이 마르지요? 시원한 음료수 ______________?

나: 네, 좋아요. 지금 마시고 싶었어요.

❹ 가: 방학에 요가를 같이 ______________?

나: 네, 좋아요. 저도 요가를 배우려고 했어요.

❺ 가: 너무 힘드니까 우리 잠깐 ______________?

나: 네, 5분만 쉬어요.

2. '-(으)ㄹ래요'를 사용하여 문장을 만드세요.

❶ 가: 하나 씨 우리 어떤 영화를 볼까요?

나: 저는 공포 영화를 안 볼래요 . 공포 영화를 보면 잠을 못 자요.

❷ 가: 어떤 음료수를 마실까요?

나: 저는 따뜻한 차를 ______________. 감기에 걸린 것 같아요.

❸ 가: 오늘 저녁에 친구 생일 파티에 갈래요? 친구들이 많이 갈 거예요.

나: 저는 안 ______________. 오늘 많이 피곤하거든요.

④ 가: 내일 그 친구를 만날 거예요?

나: 아니요, 안 ________________. 그 친구를 보면 화가 나요.

⑤ 가: 어떤 색 티셔츠를 사고 싶어요?

나: 하얀색 티셔츠를 ________________.

● 르 불규칙

1. 다음 단어를 사용하여 문장을 만드세요.

보기

자르다　고르다　부르다　빠르다　모르다　다르다　누르다　오르다

❶ 

너무 많이 먹어서 배가 불러요________.

❷ 

여러 구두 중에서 빨간 색 구두를 ________________.

❸ 

지난 주 소풍 때 친구들 앞에서 한국 노래를

________________.

❹ 

어제 미용실에서 긴 머리를 짧게 ________________.

⑤ 

버스보다 기차가 더 ______________.

2. 다음 단어를 사용하여 문장을 만드세요.

보기
자르다 고르다 부르다 빠르다 모르다 다르다 누르다 오르다

① 가: 어제 만난 그 사람의 이름을 알아요?

나: 아니요, 몰라요.

② 가: 제 핸드폰하고 친구 핸드폰이 같아요?

나: 아니요, ______________.

③ 가: 어제 저녁에 뭐 했어요?

나: 학교 앞 미용실에서 머리를 ______________.

④ 가: (엘리베이터 안에서) 5층을 ______________?

나: 네.

⑤ 가: 배 고프면 더 드세요.

나: 아니요, 됐어요. 지금 너무 배가 ______________.

● A-아/어/여 보이다

1. 다음 그림을 보고 '-아/어/여 보이다'를 사용하여 문장을 만드세요.

❶ 

친구가 슬퍼 보여요

❷ 

❸ 

❹ 

❺ 

2. '-아/어/여 보이다'를 사용하여 문장을 만드세요.

❶ 가: 어제 머리를 좀 다듬었어요. 어때요?

나: 멋있어 보여요 ____________________.

❷ 가: 요즘 많이 ____________________. 회사 일이 많아요?

나: 네, 며칠 동안 늦게 집에 갔어요.

❸ 가: 어디 아프세요? ____________________.

나: 네, 감기에 걸렸어요.

❹ 가: 어제 산 옷이에요. 저한테 잘 어울려요?

나: 네, ____________________.

❺ 가: 가방이 ____________________. 제가 도와 드릴까요?

나: 고마워요.

• A/V-(으)ㄴ/는데

1. 다음 두 문장을 '-(으)ㄴ/는데'를 사용하여 한 문장으로 만드세요.

❶ 저는 바다를 좋아해요. 동생은 산을 좋아해요.

→ 저는 바다를 좋아하는데 동생은 산을 좋아해요 ____________________.

❷ 형은 키가 커요. 저는 키가 작아요.

→ ____________________.

❸ 어제는 날씨가 맑았어요. 오늘은 날씨가 흐려요.

→ ____________________.

④ 친구는 회사원이에요. 저는 학생이에요.

→ ______________________________.

⑤ 비가 와요. 우산이 없어요.

→ ______________________________.

⑥ 조금 전에 식사를 했어요. 지금 배가 고파요.

→ ______________________________.

2. '-(으)ㄴ데/는데'를 사용하여 문장을 만드세요.

❶ 가: 하나 씨는 어떤 영화를 좋아하세요?

나: 코미디 영화는 좋아하는데 공포 영화는 싫어해요.

❷ 가: 링링 씨는 외국어를 잘 하세요?

나: 영어는 ______________ 한국어는 잘 못해요.

❸ 가: 음식을 맛있게 만드세요?

나: 음식을 자주 ______________ 맛은 없어요.

❹ 가: 어떤 악기를 잘 해요?

나: 피아노는 ______________ 기타는 못 쳐요.

❺ 가: 오늘 도서관에 갔어요?

나: 아니요, 어제는 도서관에 ______________ 오늘은 못 갔어요.

❻ 가: 정말 지금 비가 오고 있어요?

나: 네, 겨울 ______________ 비가 와요.

쓰기

▶ 어떻게 옷을 입어야 할까요? 써 보세요.

보기

무늬 :	가로 무늬	세로 무늬
	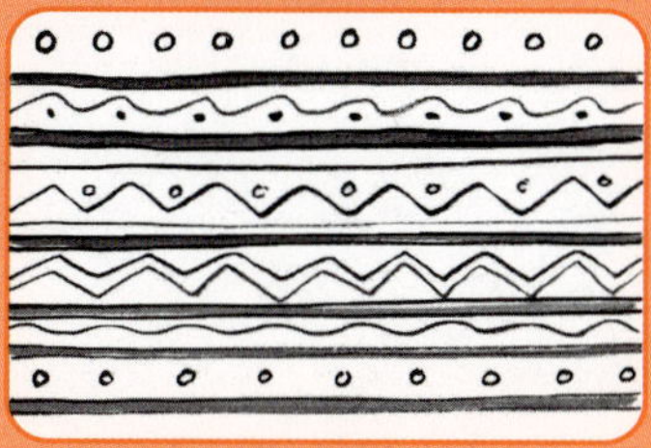	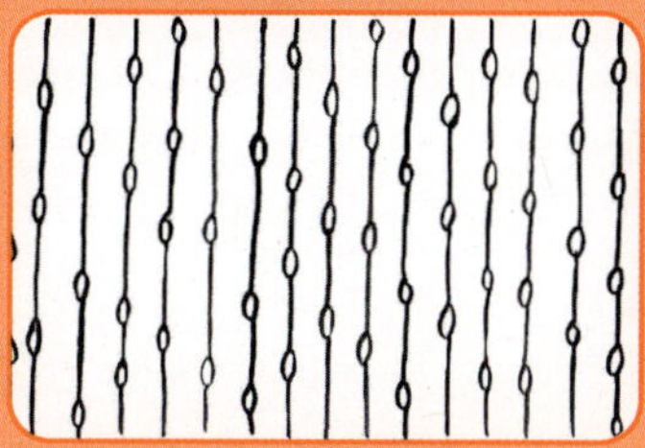
색깔 :	밝은 색	어두운 색

1. 저는 좀 뚱뚱해요. 어떻게 옷을 입으면 날씬해 보일까요?

2. 저는 좀 말랐어요. 어떻게 옷을 입으면 통통해 보일까요?

요리

Cooking

LESSON

10

1. 어휘

2. 문법

   V-(으)ㄴ 후에

   A/V-아/어/여야

   V-기

   사동사 '-히-', '-리-'

3. 쓰기

LESSON

10 요리 Cooking

어휘

1. 다음 여러 가지 음식 재료의 이름을 쓰세요.

2. 다음 단어를 사용하여 짧은 문장을 만드세요.

❶ 보관하다

❷ 실수

❸ 등록금

❹ 인기가 있다

____

문법

• V-(으)ㄴ 후에

1. 다음을 '-(으)ㄴ 후에'를 사용하여 문장을 만드세요.

❶ 물을 끓이다 → 소금을 넣다

물을 끓인 후에 소금을 넣어요.

❷ 문을 닫다 → 불을 끄다

______________________________.

❸ 기차가 떠나다 → 사람들이 울다

______________________________.

❹ 편지를 받다 → 답장을 보내다

______________________________.

❺ 창문을 열다 → 밖을 구경하다

______________________________.

2. '-(으)ㄴ 후에'를 사용하여 문장을 만드세요.

❶ 가: 오늘 아침에 언제 식사를 했어요?

나: 머리를 빗은 후에 식사를 했어요. (머리를 빗다)

❷ 가: 언제 일본 요리를 배웠어요?

나: ______________________. (결혼을 하다)

❸ 가: 언제 취직을 할 거예요?

나: ______________________. (졸업을 하다)

❹ 가: 언제 고향에 돌아갈 거예요?

나: ______________________. (이번 학기가 끝나다)

• A/V-아/어/여야

1. '-아/어/여야'를 사용하여 문장을 만드세요.

❶ 공부를 (잘 하다) 잘 해야 3급에 갈 수 있어요.

❷ 아침에 일찍 (일어나다) ______________ 학교에 갈 수 있어요.

❸ 지금 (출발하다) ______________________.

❹ 매일 아침에 (걷다) ______________________.

❺ 한국어로 매일 일기를 (쓰다) ______________________.

2. 여러분은 요즘 한국어 공부가 어때요? 어떤 것이 어려워요?
어떻게 공부해야 한국어를 잘 할 수 있어요?

❶ 아래 표를 완성하세요.

요즘 한국어 공부는?	
한국어 공부 중에서 뭐가 어려워요?	
어떻게 해야 돼요?	

❷ '-아/어/여야' 를 사용하여 써 보세요.

____

____

• V-기

1. '-기' 를 사용하여 빈칸을 쓰세요.

침대에서 자다	침대에서 자기
아침 먹다	
한국어를 공부하다	
일기를 쓰다	
산책하다	
서울에서 살다	
집을 청소하다	

2. 여러분이 이번 학기에 꼭 해야 할 일을 쓰세요.

- 하루에 단어 10개 외우기
-
-
-
-

사동사 '-히-', '-리-'

보기

-히-	입다 – 입히다 익다 – 익히다 넓다 – 넓히다

1. 다음 단어를 사용하여 문장을 만드세요.

❶ 아기가 옷을 입어요.

: 엄마가 아기에게 옷을 입혀요 ____________.

❷ 고기가 다 익었어요.

: 어머니가 고기를 다 ____________.

❸ 방이 넓어요.

: 방이 좁아서 사람들이 방을 ____________.

2. 다음 단어를 사용하여 문장을 만드세요.

보기

-리-	알다 – 알리다 울다 – 울리다 얼다 – 얼리다 살다 – 살리다

❶ 학생들은 그 소식을 알았습니다.

: 선생님이 학생들에게 소식을 알렸습니다 .

❷ 동생이 울어요.

: 형이 동생을 ________________.

❸ 냉동실에 있는 고기가 얼었어요.

: 어머니가 남은 고기를 ________________.

❹ 불이 났을 때 그 사람이 살았어요.

: 불이 났을 때 한 남자가 그 사람을 ________________.

3. 다음 중에서 알맞은 것을 골라 쓰세요.

❶ (입다 - 입히다)

날씨가 많이 더워서 학생들이 반팔 티셔츠를 입었어요 .

❷ (익다 - 익히다)

고기가 아직 안 __________. 조금 더 기다리세요.

❸ (넓다 - 넓히다)

지금 저쪽 길에서 공사를 하고 있어요. 길을 __________ 공사를 하는 것 같아요.

❹ (알다 – 알리다)

다음주 월요일의 약속에 못 오면 이번 주말까지 저에게 ________________.

❺ (울다 – 울리다)

제 동생은 저와 싸울 때마다 ________________.

❻ (얼다 – 얼리다)

얼음이 많이 필요해요. 냉장고에 물을 많이 ________________.

❼ (살다 – 살리다)

그 병원에 계시는 의사 선생님은 아픈 사람을 많이 ________________.

쓰기

▶ 한국 요리 중에 할 줄 아는 것이 있습니까? 음식 이름이 뭐예요? 어떤 맛이고 어떤 재료가 필요합니까? 써 보세요.

약속

Appointment

LESSON

11

1. 어휘

2. 문법
   V-지 말고
   N 중, V-는 중이다
   V-기로 하다
   V-자마자

3. 쓰기

LESSON
11 약속 Appointment

어휘

1. 알맞은 것을 연결하세요.

❶ 지난주에 배운 문법과 단어를 •	• 찬성해요.
❷ 조용히 해 보세요. 밖에서 이상한 소리가 •	• 골랐어요.
❸ 저도 그 사람 말에 •	• 필요해요.
❹ 너무 힘들어서 집에 오자마자 침대에 •	• 나요.
❺ 동생한테 줄 선물을 드디어 •	• 지켜요.
❻ 수영장에 가려면 수영모자가 •	• 복습했어요.
❼ 저는 약속을 하면 꼭 •	• 누웠어요.

2. 다음 단어를 사용하여 짧은 문장을 만드세요.

❶ 놓다

____

❷ 새해

____

③ 외우다

____

④ 거의

____

⑤ 중요하다

____

문법

V-지 말고

1. 다음 중 맞는 것을 하나 고르세요.

① 가: 지하철 3호선을 탈까요?

나: 아니요, 3호선을 (타지 않고/타지 말고) 4호선을 타세요.

② 가: 화장실이 어디 있어요? 3층으로 올라가야 돼요?

나: 아니요, 3층으로 (가지 않고/가지 말고) 2층으로 가세요.

③ 가: 어제 저녁에 볼링 치러 갔어요?

나: 아니요. 볼링 (치지 않고/치지 말고) 전시회에 구경갔어요.

④ 가: 휴가 때 바다에 갑시다!

나: 바다요? (바다에 가지 않고/바다에 가지 말고) 산으로 갑시다!

❺ 가: 이 케이크를 사 왔어요?

나: 아니에요. (사 오지 않고/사 오지 말고) 집에서 만들어 왔어요.

2. 알맞은 것을 연결하여 문장을 만드세요.

❶ 계단에서 뛰지 말고 •		• 조용히 하세요.
❷ 사람이 많은 식당에서 떠들지 말고 •		• 선생님을 보세요.
❸ 수업 시간에 창밖을 보지 말고 •		• 끄세요.
❹ 새벽 2시예요! 컴퓨터를 하지 말고 •		• 걸으세요.
❺ 여기에서 사진을 찍지 말고 •		• 건물 앞에서 찍읍시다.
❻ 지금 가지 말고 •		• 잠시 후에 가는 게 어때요?

• N 중, V-는 중이다

1. '-는 중이다'를 사용하여 문장을 만드세요.

❶

가: 지금 뭐 해요?

나: 집에서 혼자 요가를 하는 중이에요

❷ 

가: 지금 뭐 하고 있어요? 시간 있으면 만날래요?

나: 미안해요, 지금 ______________________.

❸ 

가: 선물을 다 골랐어요?

나: 아니요, 아직 ______________________.

조금만 더 기다려 주세요.

❹ 

가: 지금 어디예요? 집에서 출발했어요?

나: 지금 ______________________.

바로 출발할 거예요.

❺ 

가: 경수 씨, 잠깐 이것 좀 도와 주세요.

나: 미안해요, 지금 ______________________.

❻ 

가: 너무 배고파요. 먹을 것 없어요?

나: 잠깐 기다려 보세요.

지금 라면을 ______________________.

● V-기로 하다

1. 이 사람은 친구들과 무엇을 정했습니까? 정한 것들을 '-기로 하다'를 사용하여 문장을 만드세요.

보기

오늘 저는 친구들과 함께 여행 계획을 세웠어요. 우리는 이번 방학에 같이 부산에 갈 거예요. 그래서 오늘 여행에 대해서 여러 가지 계획을 세웠어요.

저는 다음 주 평일에 여행을 가고 싶었어요. 하지만 제 친구가 일이 있기 때문에 그 때 갈 수 없었어요. 그래서 우리는 다음 주 주말 동안 여행을 갈 거예요. 친구 중에 한 명이 "부산에 갈 때 버스로 가는 게 어때요?" 라고 말했지만 다른 친구들은 모두 "KTX로 가는 게 더 좋아요." 라고 말했어요. 그래서 우리는 KTX로 부산까지 갈 거예요.

숙소를 정하는 것이 제일 힘들었어요. 우리는 부산에 아는 사람이 한 명도 없기 때문에 숙소를 정해야 했어요. 친구들은 호텔에 가고 싶어 했지만 호텔은 좀 비쌌어요. 그래서 우리는 호텔보다 조금 싼 콘도를 인터넷에서 찾아봤어요. 마음에 드는 콘도를 찾았어요. 그래서 우리는 그 콘도에 예약을 했어요.

우리는 부산에서 할 일도 많이 이야기했어요. "부산은 회가 유명해요. 이번 여행 때 맛있는 회를 많이 먹읍시다!", "부산에서 아름다운 밤바다를 꼭 보고 싶어요.", "나는 유명한 생선 시장에 가 보고 싶어요." 친구들은 이런저런 하고 싶은 것들을 많이 이야기했어요. 우리는 친구들이 말한 것들을 모두 할 거예요.

아직 여행이 일주일도 더 남았지만 벌써 마음은 부산으로 떠났어요.

❶ 이 사람은 친구들과 이번 방학에 부산에 가기로 했어요 ________.

❷ 부산까지 KTX로 ________________________.

❸ 부산에서 밤바다를 ________________________.

❹ 부산에서 회를 ________________________.

❺ 부산에서 생선 시장에 ________________________.

2. 여러분의 계획이나 목표는 무엇입니까? '-기로 하다'를 사용하여 문장을 만드세요.

❶ 저는 다음 달에 영어 공부를 시작하기로 했어요.

❷ 저는 내년에 ______________________.

❸ 저는 매일 ______________________.

❹ 저는 일주일에 두 번 ______________________.

V-자마자

1. 다음 문장을 완성하세요.

❶ 저는 집에 가자마자 반지와 시계를 빼요.

❷ 오늘 학교에 오자마자 ______________________.

❸ 오늘 아침에 일어나자마자 ______________________.

❹ 저는 고향에 가자마자 ______________________.

❺ 두 사람은 결혼을 하자마자 ______________________.

❻ 저는 대학교를 졸업하자마자 ______________________.

2. '-자마자'를 사용하여 문장을 만드세요.

❶ 가: 언제 공항에 가야 돼요?

나: 수업이 끝나자마자 가야 돼요 ____________________.

❷ 가: 언제 잘 거예요?

나: ____________________.

❸ 가: 언제 취직을 하고 싶어요?

나: ____________________.

❹ 가: 한국에서 언제 집을 구했어요?

나: ____________________.

❺ 가: 그 사람은 언제부터 울었어요?

나: ____________________.

쓰기

1. 여러분은 가족이나 친구들, 다른 사람과 어떤 약속을 했습니까?
언제, 어디에서 무엇을 하기로 했습니까? '-기로 하다'를 사용하여 써 보세요.

일상생활

Daily Life

LESSON 12

1. 어휘

2. 문법
   V-다(가)
   V-(으)면서
   'ㄷ' 불규칙
   반말 '-다'

3. 쓰기

LESSON

12 일상생활 Daily Life

어휘

1. 알맞은 단어를 쓰세요.

보기

신혼여행 기자 기사 신랑 신부 휴일 문방구 기숙사 추억

❶ 결혼을 하자마자 떠나는 여행: 신혼여행

❷ 결혼식에서 결혼을 하는 남자: ____________

❸ 공책이나 펜, 지우개 등 학용품을 파는 가게: ____________

❹ 아름답고 좋은 기억: ____________

❺ 쉬는 날: ____________

❻ 신문에서 기자가 쓰는 글: ____________

2. 알맞은 단어를 쓰세요.

보기

지루하다 궁금하다 그만두다 다치다 태어나다 친하다 부지런하다

❶ 수업이 너무 재미없고 지루해요. 수업 시간에 시간이 너무 안 가요.

❷ ____________ 것이 있으면 질문하세요.

❸ 언니는 1987년에 인천에서 ____________.

④ 한국 사람들은 ____________________ 것 같아요.

아침 일찍 일을 하러 가는 사람들이 많은 것 같아요.

⑤ 이 친구는 저와 제일 ____________________ 친구예요.

우리는 8살 때부터 친구였어요.

3. 다음 단어를 사용하여 짧은 문장을 만드세요.

❶ 천천히

____

❷ 흘리다

____

❸ 우연히

____

문법

• V-다(가)

1. '-다가'를 사용하여 문장을 만드세요.

❶ 가: 어제 시험 공부를 많이 했어요?

나: 아니요, 어젯밤에 시험 공부를 하다가 졸려서 잤어요 .

② 가: 도서관에서 빌린 책 다 읽었어요?

나: 아니요, ______________________________.

③ 가: 대사관이 어디에 있는지 아세요?

나: 네, 곧장 가다가 ______________________________.

④ 가: 부모님께 보낼 편지를 다 썼어요?

나: 아니요, ______________________________.

⑤ 가: 언제 그 사람한테 전화를 받았어요?

나: 집에 오다가 ______________________________.

⑥ 가: 뭐 하다가 팔을 다쳤어요?

나: ______________________________.

2. 그림을 보고 '-다가'를 사용하여 문장을 만드세요.

보기

- 곧장(쭉, 똑바로) 가다 = 직진하다
- 길을 건너다
- 왼쪽으로 가다 = 좌회전하다
- 오른쪽으로 가다 = 우회전하다

①

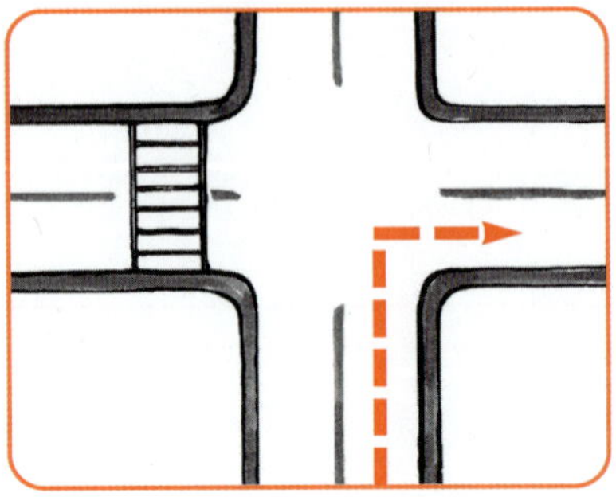

곧장 가다가 우회전하세요.

❷ 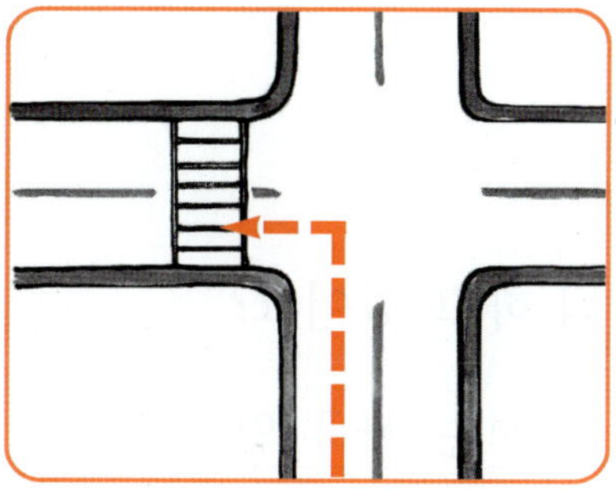 ______________________________.

❸ 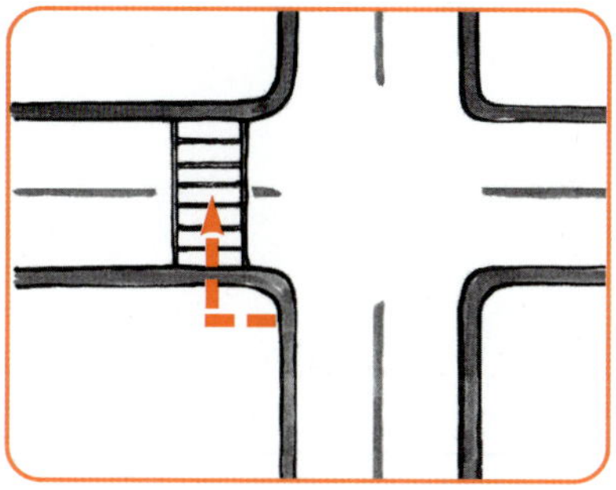 ______________________________.

V-(으)면서

1. 다음 문장을 완성하세요.

❶ 나는 음악을 들으면서 책을 읽어요 ______________________________.

❷ 그 사람은 운전을 하면서 ______________________________.

❸ 우리는 공부하면서 ______________________________.

❹ 어머니는 요리를 하시면서 ______________________________.

❺ 사람들이 걸어가면서 ______________________________.

❻ 나는 학교에 다니면서 ______________________________.

❼ 지난 주말에 친구들과 함께 저녁을 먹으면서 ______________________________.

2. 다음 그림을 보고 '-(으)면서'를 사용하여 문장을 만드세요.

❶ 

가: 이 여자가 지금 뭐 하고 있어요?

나: 음악을 들으면서 요리를 하고 있어요.

❷ 

가: 아이가 뭐 해요?

나: ____________________.

❸ 

가: 뭐 하는 것을 좋아해요?

나: ____________________ 것을 좋아해요.

❹ 

가: 어제 저녁에 친구들이랑 뭐 했어요?

나: ____________________.

❺ 

가: 이 남자가 뭐 해요?

나: ____________________.

● 'ㄷ' 불규칙

1. 다음 중에서 알맞은 것을 고르세요.

❶ 저는 항상 지하철에서 음악을 (듣어요/들어요).

❷ 오늘 학교까지 (걷어 왔어요/걸어 왔어요).

❸ 모르는 것이 있으면 다른 친구들한테 (묻어 보세요/물어 보세요).

❹ 저는 그 사람의 말을 (믿어요/밀어요).

❺ 날씨가 추우니까 문을 좀 (닫아 주세요/달아 주세요).

❻ 옛날에는 김치를 항아리에 넣어서 땅에 (묻었어요/물었어요).

● 반말 '-다'

1. 다음 글을 읽고 '-다'로 고치세요.

보기

저희(⇒ 우리) 가족은 주말마다 함께 하는 일이 많습니다(⇒ 많다) 제일 먼저 주말 아침에는 다같이 아침식사를 합니다(⇒). 식사를 하면서 이런저런 이야기를 하는 것을 좋아합니다(⇒). 식사가 끝나면 집 근처에 있는 산에 갑니다(⇒). 그 산은 높지 않습니다(⇒). 하지만 그 산에 가면 공기도 좋고 깨끗한 물도 있습니다(⇒). 산 위에 올라가면 다리가 아픕니다(⇒). 목도 마릅니다(⇒). 그럼 우리는 잠깐 쉬면서 과일이나 물을 먹습니다(⇒). 등산을 하고 나서 집에 돌아오면 우리는 모두 청소를 합니다(⇒). 청소를 하면서 음악을 들으면 기분이 더 좋습니다(⇒).

지난 주말에는 비가 왔습니다(⇒). 그래서 등산을 못 했습니다(⇒). 그래서 집에서 청소를 하고 나서 모두 함께 미술관에 다녀왔습니다(⇒). 저는(⇒) 가족과 함께 하는 시간이 행복합니다(⇒).

2. 다음 글을 읽고 질문에 답하세요.

보기

나는 여행을 좋아한다. 그래서 시간이 있을 때마다 여행을 간다. 가까운 곳도 좋고 먼 곳도 좋다. 여행을 하면 새로운 사람도 만날 수 있고 특별한 경험을 할 수 있다. 또 우리는 책에서 배우지 못한 것을 여행을 통해서 배울 수도 있다.

지난주에는 기차를 타고 부산에 다녀왔다. 2박3일의 짧은 여행이었지만 무척 즐거웠다. 부산에서 바다도 보고 유명한 생선 시장인 '자갈치 시장'에도 갔다. 오랜만에 겨울 바다를 보니까 가슴이 시원했다.

부산은 서울보다 덜 추웠다. 그래서 걸어 다닐 때 더 좋았다. 하지만 부산 사투리가 있어서 사람들이 말하는 것을 이해하기 힘들었다.

❶ 여행의 좋은 점을 써 보세요.

- ______________________
- ______________________
- ______________________

❷ 위의 이야기와 다른 것을 고르세요.

① 나는 항상 먼 곳으로 여행을 간다.

② 나는 기차로 부산에 다녀왔다.

③ 부산 사람들은 사투리를 쓴다.

④ 나는 3일 동안 여행을 다녀왔다.

쓰기

▶ 여러분의 주말은 어떻습니까? 기억에 남는 주말을 '-다'를 사용하여 써 보세요.

정답

Answer

제1과 취향

● 어휘

1. ❷ 인기 ❸ 씻어요
 ❹ 도착해요 ❺ 방법

2. ❶ (예시) 이번 주말에 여행 계획이 있어요.
 ❷ (예시) 저는 자주 극장에 가서 영화를 봐요.
 ❸ (예시) 오늘 날씨가 별로 안 더워요.
 ❹ (예시) 일요일에 은행 문을 안 열어요.
 ❺ (예시) 우리는 5시에 출발하는 비행기를 탈 거예요.

● 문법

● A/V-지요?

1. ❷ 매일 한국어 공부를 하지요? ❸ 닭고기를 좋아하지요?
 ❹ 그 사람을 잘 알지요? ❺ 일본어를 배웠지요?
 ❻ 예쁜 옷들이 많지요?

2. ❷ (예시) 가: 춥지요? 나: 네, 추워요.
 ❸ (예시) 가: 지금 사진을 찍고 있지요?
 나: 네, 맞아요.
 ❹ (예시) 가: 한국어를 공부하지요?
 나: 네, 한국어를 공부해요.
 ❺ (예시) 가: 일본 사람이지요? 나: 네, 일본사람이에요.

● V-는 + N

1. ❶

읽다/책	읽는 책
만나다/장소	만나는 장소
갈아타다/곳	갈아타는 곳
듣다/음악	듣는 음악
도착하다/시간	도착하는 시간
*팔다/사람	파는 사람
*놀다/곳	노는 곳
*만들다/사람	만드는 사람

 ❷ 학교 근처에 있는 식당 ❸ 쉬는 시간
 ❹ 노는 아이들 ❺ 만드는 방법
 ❻ 안 좋아하는 사람들

2. 매표소 — 표를 살 수 있는 곳
 탈의실 — 옷을 갈아입는 곳
 휴게실 — 쉬는 곳
 서점 — 책을 파는 곳
 부동산 — 집을 소개해 주는 곳

3. ❷ 재연 씨예요.
 ❸ (예시) 선희 씨 옆에 있는 사람이 누구예요?
 ❹ (예시) 미연 씨 왼쪽에 있는 사람이 누구예요?
 ❺ (예시) 재연 씨 앞에 있는 사람이 누구예요?

● 'ㄹ' 불규칙

1. ❷ 사는 ❸ 아는
 ❹ 엽니다 ❺ 팝니다

● V-고 있다 ①

1. ❷ 박성국 씨에게 선물을 주고 있어요.
 ❸ 김봉국 씨는 뭐 하고 있어요?
 ❹ 사진을 찍고 있어요.
 ❺ 박수연 씨예요.
 ❻ 문재호 씨예요.
 ❼ 맥주를 마시고 있는 사람이 누구예요?
 ❽ 춤을 추고 있는 사람이 누구예요?

● V-(으)려고 하다

1. ❷ 수요일에 만나려고 해요.
 ❸ 은행에 가려고 해요.
 ❹ 토요일에 청소를 하려고 해요.
 ❺ 등산을 하려고 해요.

2. ❷ (예시) 친구랑 같이 점심을 먹으려고 해요.
 ❸ (예시) 네, 피아노를 배우려고 해요.
 ❹ (예시) 11월에 가려고 해요.
 ❺ (예시) 집에서 먹으려고 해요.

● 쓰기

예시

저는 음악 듣는 것을 좋아해요. 그래서 집에서 항상 음악을 들어요. 음악을 들으면 기분이 좋아요. 그리고 길에서 MP3 플레이어로 음악을 많이 들어요. 좋아하는 음악을 들으면 행복해요.

하지만 저는 요리하는 것을 싫어해요. 제가 음식을 만들면 별로 맛이 없어요. 그리고 요리하는 것이 힘들어요. 그래서 고향에 가서 맛있는 음식을 많이 먹으려고 해요.

제2과 인물

● 어휘

1. ❷ 메는 ❸ 맸어요 ❹ 꼈어요 ❺ 신었어요

2. ❶ (예시) 오늘은 특별한 날이에요. 제 생일이에요.
 ❷ (예시) 지금은 너무 바빠요. 그래서 이따가 밥을 먹을 거예요.
 ❸ (예시) 저는 한 시 정도에 올 거예요..
 ❹ (예시) 계속 공부하면 한국어를 잘 할 거예요.
 ❺ (예시) 그 드라마의 주인공이 누구예요?

● 문법

● V-에게(서)/한테(서)/께

1. ❶ 에게(서)/한테(서) ❷ 가, 에
 ❸ 을, 에게/한테 ❹ 께

• 동사 과거 시제: V-(으)ㄴ + N

1.

먹다/빵	먹은 빵
보내다/편지	보낸 편지
사다/물건	산 물건
받다/선물	받은 선물
*듣다/음악	들은 음악
*팔다/차	판 차
*만들다/음식	만든 음식

2. ❷ 빌린 책　❸ 먹은 피자　❹ 만든 김밥

3. ❷ 가: 늦게 온　(예시) 나: 마이클
❸ 가: 먹은 사람이 누구예요?　(예시) 나: 안드레스
❹ 가: 산 사람이 누구예요?　(예시) 나: 소소

• 동사 미래 시제: V-(으)ㄹ + N

1.

먹다/음식	먹을 음식
준비하다/일	준비할 일
만나다/장소	만날 장소
초대하다/사람	초대할 사람
*듣다/노래	들을 노래
*팔다/물건	팔 물건
*살다/나라	살 나라
*만들다/빵	만들 빵

2. ❷ 입을 옷　❸ 찍어 줄 사람　❹ 도와 줄 일

• V-고 있다 2

1.

● 쓰기

예시

저는 편한 옷을 좋아해요. 그래서 집에서 운동복을 입어요. 하지만 밖에 가면 청바지와 티셔츠를 입어요. 모자를 쓰고 운동화를 신어요. 그리고 큰 가방을 어깨에 메고 학교에 가요. 하지만 저는 정장을 싫어해요. 특히 원피스나 치마를 입고 구두를 신으면 불편해서 기분이 안 좋아요.

제3과 여행

● 어휘

1. ❷ 편리해요.　❸ 떠나려고 해요.
❹ 다녀왔어요.　❺ 잃어버렸어요.

2. ❶ 계획 — 이번 주말에 할 일이 없어요. (　)이 없어요.
❷ 교통 — 제 고향은 (　)이 편리해요.
❸ 경치 — 이곳의 (　)가 정말 아름다워요.
❹ 기회 — (　)가 있으면 제주도에 가 보세요.
❺ 물가 — 서울의 (　)가 많이 비싸요.

● 문법

• V-(으)ㄹ까 하다

1. ❷ 친구들을 초대할까 해요.　❸ 김밥을 만들까 해요.
❹ 여행을 떠날까 해요.　❺ 머리를 자를까 해요.
❻ 한국에서 살까 해요.

• V-아/어/여 봤다

1.

	-아/어/여 보셨어요?	-아/어/여 봤어요	-아/어/여 보세요
마시다	마셔 보셨어요? 드셔 보셨어요?	안 마셔 봤어요	마셔 보세요. 드셔 보세요.
보내다	보내 보셨어요?	보내 봤어요.	보내 보세요.
받다	받아 보셨어요?	안 받아 봤어요.	받아 보세요.
먹다	먹어 보셨어요? 드셔 보셨어요?	먹어 봤어요.	먹어 보세요. 드셔 보세요.
일하다	일해 보셨어요?	일해 봤어요.	일해 보세요.
*듣다	들어 보셨어요?	안 들어 봤어요.	들어 보세요.

2. ❷ 먹어 봤어요.　❸ (예시) 네, 구경해 봤어요.
❹ (예시) 아니요, 안 타 봤어요.　❺ (예시) 네, 보내 봤어요.
❻ (예시) 아니요, 안 만들어 봤어요.

3. ❷ 가: 그 여자를 만나 봤어요?　나: 만나 봤어요.
❸ 가: 서울에서 운전해 봤어요?　나: 안 해 봤어요.
가: 해 보세요.
❹ 가: 말을 타 보셨어요?　나: 타 봤어요.
❺ 가: 이 노래를 들어 봤어요?　나: 안 들어 봤어요.
가: 들어 보세요.
❻ 가: 비빔밥을 먹어 봤어요?　나: 먹어 봤어요.

• '으' 불규칙

1. ❷ 예뻐요　❸ 배 고프고　❹ 바빠서
❺ 나쁘면　❻ 아팠어요.

• A-(으)ㄴ 것 같다

1.

크다	큰 것 같아요.
작다	작은 것 같아요.
높다	높은 것 같아요.
맛있다	맛있는 것 같아요.
어렵다	어려운 것 같아요.
덥다	더운 것 같아요.

2. ❷ 추운 것 같아요.　❸ 매운 것 같아요.
❹ 편리한 것 같아요.　❺ 맛있는 것 같아요.
❻ 많은 것 같아요.

• V-(으)ㄴ/는 것 같다

1.

	-는 것 같다	-(으)ㄴ 것 같다
타다	타는 것 같아요.	탄 것 같아요.
받다	받는 것 같아요.	받은 것 같아요.
입다	입는 것 같아요.	입은 것 같아요.
듣다	듣는 것 같아요.	들은 것 같아요.
만들다	만드는 것 같아요.	만든 것 같아요.
열다	여는 것 같아요.	연 것 같아요.

2. ❷ 여는 것 같아요 ❸ 입는 것 같아요
❹ 이사하는 것 같아요 ❺ 배우는 것 같아요
❻ 오는 것 같아요

3. ❷ 청소한 것 같아요 ❸ 끝난 것 같아요
❹ 떠난 것 같아요 ❺ 마신 것 같아요
❻ 잃어버린 것 같아요

• 쓰기

예시

저는 한국에서 부산에 가 봤어요. 친구랑 같이 KTX를 타고 갔어요. 2시간 30분 정도 걸렸어요. 부산에서 바다도 보고 맛있는 음식들도 많이 먹었어요. 부산 바다가 아름다웠어요. 그리고 부산 사투리가 재미있었어요. 부산에도 지하철이 있어서 편했어요. 우리는 밤에 다시 서울로 왔어요. 짧은 여행이었지만 아주 재미있었어요. 기회가 있으면 다시 가고 싶어요.

제4과 상황과 감정

• 어휘

1. ❷ 그때 ❸ 면접 ❹ 하품 ❺ 찜질방

2. ❶ 지난 밤에 잠을 못 잤어요.
❷ 재미없는 영화를 오래 봐요.
❸ 비가 오는 날 고향에 가고 싶어요.

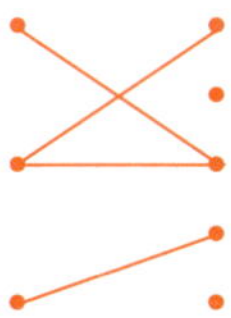

• 지루하다
• 긴장하다
• 졸리다
• 우울하다
• 불편하다

• 문법

• V-거나

1. ❷ (예시) 집에서 쉬거나 친구를 만나요.
❸ (예시) 노래방에 가거나 등산을 해요.
❹ (예시) 과일을 많이 먹거나 따뜻한 차를 마셔요.
❺ (예시) 중국음식을 먹거나 태국음식을 먹을 거예요.
❻ (예시) 친구가 좋아하는 선물을 주거나 맛있는 음식을 사 주세요.

2. ❷ (예시) 밥을 조금 먹거나 채소를 많이 드세요.
❸ (예시) 한국 드라마를 보거나 한국 친구를 사귀어 보세요.
❹ (예시) 요리책을 보거나 요리 프로그램을 보세요.
❺ (예시) 시장에서 사거나 인터넷 쇼핑을 이용해 보세요.
❻ (예시) 낮에 운동을 많이 하거나 일찍 잠 잘 준비를 하세요.

• N 때, A/V-(으)ㄹ 때

1. ❷ 방학 때 ❸ 중학생 때 ❹ 6살 때

2. ❷ 친한 친구와 이야기할 때 시간이 빨리 가요.
❸ 고향에 살았을 때 제일 행복했어요.
❹ 날씨가 추울 때 밖에서 오래 있으면 안 돼요.
❺ 아르바이트를 했을 때 일이 많아서 조금 힘들었어요.

3. ❷ 시간이 있을 때 영화 보러 가요.
❸ 고등학교에 다닐 때 한국어를 공부했어요.
❹ 가족과 함께 시간을 보낼 때 제일 행복했어요.
❺ (예시) 친구가 기분이 좋을 때 친구에게 사과할 거예요.

• V-(으)면 되다

1. ❷ 잘 보면 돼요. ❸ 갈 수 있으면 돼요.
❹ 하면 돼요. ❺ 기다리면 돼요.

• V-기 전에

1. ❷ 잠을 자기 전에 이를 닦으세요.
❸ 밥을 먹기 전에 손을 씻어야 해요.
❹ 약을 먹기 전에 밥을 먼저 먹었어요.
❺ 생일 파티에 가기 전에 선물을 사야 해요.
❻ 여행을 하기 전에 비행기표를 사세요.

2. ❷ 시작하기 전에 ❸ 학교에 도착하기 전에
❹ 면접을 보기 전에 ❺ 아침 먹기 전에

• 쓰기

예시

기분이 우울할 때 친한 친구에게 전화해 보세요. 친구와 재미있는 이야기를 하면 기분이 좋아질 거예요. 그리고 코미디 영화를 보거나 재미있는 책을 읽어 보세요. 잠깐 동안 우울한 기분을 잊을 수 있어요. 맛있는 음식을 먹어도 괜찮아요. 단 음식이나 매운 음식을 먹으면 기분을 조금 바꿀 수 있어요.

제5과 아르바이트

• 어휘

1. ❷ 낮다 ❸ 가볍다 ❹ 조용하다 ❺ 깨끗하다
❻ 느리다 ❼ 적다 ❽ 어렵다 ❾ 좁다

2. ❶ (예시) 저는 한국 문화에 관심이 있어요.
❷ (예시) 저는 좋은 아르바이트를 구했어요.
❸ (예시) 명동은 사람들이 많아서 복잡해요.
❹ (예시) 지하철 안에 광고가 많아서 재미있어요.

• 문법

• N 중에서

1. ❷ (예시) 동물 중에서 사자를 제일 좋아해요
❸ (예시) 과일 중에서 파인애플이 제일 맛있어요.

❹ (예시) 음식 중에서 김밥이 제일 맛있어요.

2. ❶ (예시) 저는 우리반 친구들 중에서 마이클 씨와 제일 친해요.
   ❷ (예시) 저는 고향 음식 중에서 베트남 국수가 제일 먹고 싶어요.
   ❸ (예시) 저는 한국 가수 중에서 ○○이 제일 좋아요.

• N보다 더/덜

1. ❷ 나: 기린이 코끼리보다 덜 무거워요.
   ❸ 나: 이미연 씨가 박진주 씨보다 시험을 더 잘 봤어요.
   ❹ 나: 이민수 씨가 김진수 씨보다 덜 커요.
   ❺ (예시) 가: 두 도시 중에서 어디가 더 추워요?
   나: 서울이 부산보다 더 추워요.

• V-(으)려면

1.

가다	가려면
먹다	먹으려면
배우다	배우려면
*만들다	만들려면
*살다	살려면
*듣다	들으려면

2. ❷ 일찍 일어나려면 일찍 자야 돼요.
   ❸ 비행기 표를 예약하려면 어떻게 해야 돼요?
   ❹ 약속 시간에 도착하려면 지금 출발해야 돼요.
   ❺ 지하철 4호선을 타려면 이번 역에서 갈아타세요.

3. ❷ (예시) 따뜻한 옷을 입으세요.
   ❸ (예시) 비행기나 배를 타야 해요.
   ❹ (예시) 이사할 집을 구해야 돼요.

• V-지 마세요

1. ❶ (예시) 책을 찢지 마세요. 떠들지 마세요.
   ❷ (예시) 지하철에서 뛰지 마세요. 큰 소리로 전화하지 마세요.
   ❸ (예시) 사진을 찍지 마세요. 만지지 마세요.

• 사동사 '-이-'

1. ❷ 죽였습니다. ❸ 스티커를 붙였습니다. ❹ 속였습니다.
2. ❷ 죽어 ❸ 붙였어요. ❹ 속았어요.

• 쓰기

예시

저는 편의점에서 아르바이트를 해 봤습니다. 평일에는 공부를 해야 해서 주말에 일했습니다. 밤 아홉 시부터 새벽 다섯 시까지 일했습니다. 힘들었지만 재미있었습니다. 가끔 멋있는 사람이 오면 기분도 좋았습니다. 하지만 사람이 없으면 좀 심심했습니다. 돈도 벌고 재미있어서 방학에 또 일하고 싶습니다.

제6과 바람

• 어휘

1. ❷ 공연 ❸ 용돈 ❹ 굽 ❺ 음료수
2. ❶ (예시) 수업 시작 시간이 아직 20분이 남았어요.
   ❷ (예시) 운동을 많이 해서 목이 말라요.

• 문법

• N(이)나/N밖에

1. ❷ 밖에 ❸ 이나 ❹ 밖에 ❺ 밖에
2. ❷ (예시) 이십만 원이나 썼어요. ❸ (예시) 세 잔이나 마셔요.
   ❹ (예시) 한 개밖에 안 먹었어요.
   ❺ (예시) 네 시간밖에 못 잤어요.

• 'ㅅ' 불규칙

1. ❷ 짓고 ❸ 이었어요 ❹ 웃어서 ❺ 씻어요

• A/V-(으)면 좋겠다, A/V-았/었/였으면 좋겠다

1. ❷ 그리면/그렸으면 좋겠어요.
   ❸ 잘하면/잘했으면 좋겠어요.
   ❹ 날씬하면/날씬했으면 좋겠어요.
   ❺ 살면/살았으면 좋겠어요.
2. ❷ (예시) 여행을 하면 좋겠어요.
   ❸ (예시) 일했으면 좋겠어요.
   ❹ (예시) 착한 사람을 만나면 좋겠어요.
   ❺ (예시) 갈비를 먹었으면 좋겠어요.

• A/V -(으)니까

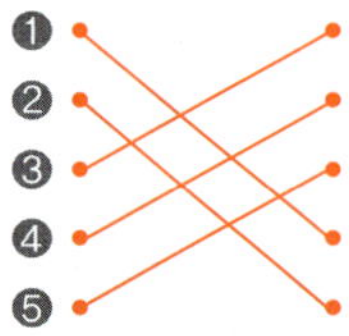

1. ❷ 목이 마르니까 시원한 음료수 마실까요?
   ❸ 날씨가 추우니까 따뜻한 차를 마시고 싶어요
   ❹ 내일이 시험이니까 열심히 공부합시다.
   ❺ 오늘은 약속이 있으니까 다음에 만나요.
2. ❷ (예시) 오늘 숙제가 없으니까
   ❸ (예시) 저 식당 음식이 맛있으니까
   ❹ (예시) 어두우니까
   ❺ (예시) 지금 집에 가야 하니까

쓰기

예시

어렸을 때는 소원이 많았어요. 선생님, 운동 선수, 가수, 영화 배우……. 지금 저는 요가 학원에서 요가를 가르쳐요. 요가 선생님이 되었어요. 선생님이 되었으니까 한 가지 꿈을 이루었어요. 저는 행복한 사람이지요? 그렇지만 앞으로도 계속 꿈을 꿀 거예요. 그래서 다른 꿈을 또 이루고 싶어요. 다음 제 계획은 요리를 배우는 거예요. 맛있는 요리를 친구들에게 주고 싶어요.

제7과 문화소개

● 어휘

1. ❷ 타요/내려요　　❸ 켜요/꺼요
   ❹ 닫아요/열어요　　❺ 시작해요/끝나요

2. ❶ (예시) 사람들은 과일을 냉장고에 보관해요.
   ❷ (예시) 저는 한국말을 할 때 실수를 많이 해요.
   ❸ (예시) 다음 주까지 다음 학기 등록금을 내야 해요.
   ❹ (예시) 요즘 인기가 있는 노래가 무엇인지 아세요?

● 문법

● N(이)라고 하다

1. ❷ '컴맹' 이라고 해요.
   ❸ '수영을 못 하는 사람' 을 뭐라고 해요?
   ❹ '무서운 선생님' 을 뭐라고 해요?
   ❺ '키가 작은 사람' 을 뭐라고 해요?

● N이/가 아니라

1. ❷ (예시) 103호가 아니라 203호예요.
   ❸ (예시) 그림이 아니라 사진이에요.
   ❹ (예시) 아버지가 아니라 삼촌이에요.
   ❺ (예시) 한국 신문이 아니라 영어 신문이에요.

2. ❷ 아니요, 서울이 아니라 부산이에요.
   ❸ 아니요, 선생님이 아니라 주부예요.
   ❹ 아니요, 학교가 아니라 은행이에요.
   ❺ 아니요, 축구가 아니라 야구예요.

● N인지 알다/모르다

1. ❷ (예시) 가 :여기가 어디인지 알아요?
   나: 프랑스 파리예요.
   ❸ (예시) 가: 지형 씨 생일이 언제인지 알아요?
   나: 네, 알아요. 11월 7일이에요.
   ❹ (예시) 가: 이 옷이 무엇인지 아세요?
   나: 네, 여자 한복이에요.

2. ❶ 몇 살인지 아세요?　　❷ 화장실이 어디인지 알아요?
   ❸ 지금 몇 시인지 알아요?　　❹ 이 옷이 얼마인지 아세요?

● V-는지 알다/모르다

1.

	-는지 알다
가다	가는지 알아요.
잡다	잡는지 알아요.
쓰다	쓰는지 알아요.
찍다	찍는지 알아요.
듣다	듣는지 알아요.
*만들다	만드는지 알아요.
*살다	사는지 알아요.

2. ❷ 공중전화를 어떻게 사용하는지 알아요?
   ❸ 닭고기를 얼마 동안 보관할 수 있는지 아세요?
   ❹ 그 친구가 어디에 사는지 아세요?
   ❺ 모기약을 어디에서 파는지 알아요?
   ❻ 기차가 몇 시에 도착했는지 아세요?
   ❼ 어머니께서 어디에 가셨는지 알아요?

● 쓰기

예시

저는 한국에서 처음 바닥에서 자 봤어요.

한국 친구 집에 갔을 때 바닥에서 처음 잤어요. 우리 나라에서는 항상 침대에서 자요. 하지만 한국 친구 집에 침대가 없어서 우리는 바닥에서 잤어요. 처음 바닥에서 잤을 때 허리가 조금 아프고 불편했어요. 하지만 재미있는 경험이었어요.

그리고 저는 찜질방에 갔을 때 사람들이 모두 바닥에서 자는 것을 봤어요. 저도 같이 바닥에서 잤어요. 아주 재미있었어요.

제8과 집안일

● 어휘

1. ❶ ❷ ❸ ❹ ❺ ❻

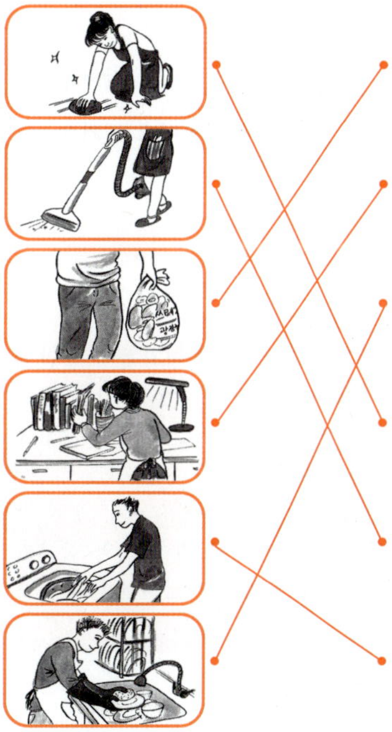

쓰레기를 버려요.
책상 위를 정리해요.
설거지를 해요.
바닥을 닦아요.
청소기를 돌려요.
빨래를 해요.

2. ❷ 맡길 거예요.　　❸ 남겼어요.
   ❹ 사용하세요.

● 문법

● A/V-거든요

1. ❷ (예시) 손님들이 많이 오시거든요.
   ❸ (예시) 내일 시험이 있거든요.
   ❹ (예시) 오늘 엄마 생신이거든요.
   ❺ (예시) 배가 아팠거든요.
   ❻ (예시) 지난주에 이사를 했거든요.

2. ❷ 방바닥에 있는 안경을 밟았거든요.
❸ 눈이 너무 나쁘거든요.
❹ 오늘 중요한 약속이 있거든요.
❺ 버스가 이상한 길로 가고 있었거든요.

• V-(으)ㄴ 지 N이/가 되다

1. ❷ 이사한 지 1년이 됐어요.
❸ 신분증 사진을 찍은 지 6개월이 됐어요.
❹ 침대를 산 지 3개월이 됐어요.
❺ 핸드폰을 산 지 이틀이 됐어요.

2. ❷ (예시) 결혼하신 지 22년이 됐어요.
❸ (예시) 미용실에 갔다온 지 2개월이 됐어요.
❹ (예시) 고등학교 졸업을 한 지 5년이 됐어요.
❺ (예시) 지금 살고 있는 집에 산 지 1년 반이 됐어요.

• A-아/어/여지다

1. ❷ 좋아졌어요. ❸ 많아졌어요.
❹ 어려워졌어요. ❺ 깨끗해졌어요.
❻ 싸졌어요.

• 사동사 '-우-', '-기-'

1. ❷ 깨워요/깨요 ❸ 재워요/잤어요

2. ❷ 남았어요/남겼어요 ❸ 씻어요/씻겨요
❹ 웃겨요/웃어요

• 쓰기

예시

옛날 한국에서는 보통 결혼을 하면 여자들이 집안일을 모두 했습니다. 하지만 요즘 남자들도 집안일을 많이 합니다. 옛날에는 여자들이 결혼을 하면 보통 직업을 갖지 않았지만 요즘은 계속 직업을 갖는 여자들이 많습니다. 그래서 남자들도 집안일을 많이 도와야 합니다.
사람마다 다르지만 보통 남자들은 집 청소와 장보기 등을 도와 줍니다. 그리고 요리를 좋아하는 남자들은 요리도 많이 합니다.

제9과 모습

• 어휘

1.
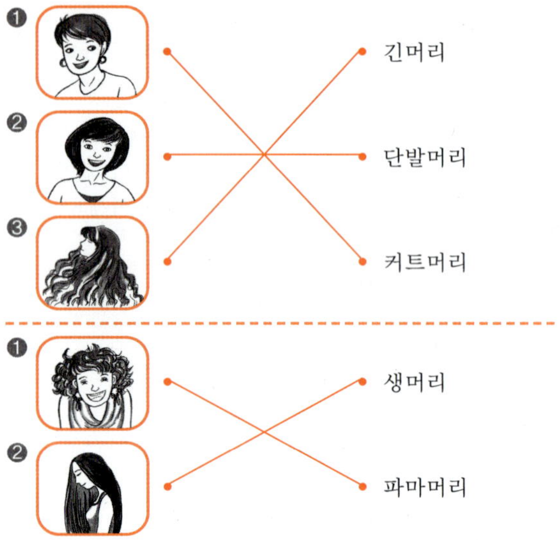

2. ❶ 자르 ❷ 파마해 ❸ 염색해 ❹ 다듬어

• 문법

• A-게

1. ❷ 재미있게/즐겁게 ❸ 늦게
❹ 시끄럽게 ❺ 행복하게

2. ❷ 따뜻하게 ❸ 크게
❹ 행복하게 ❺ 재미있게

• V-(으)ㄹ래요

1. ❷ 놀래요? ❸ 마실래요?
❹ 배울래요? ❺ 쉴래요?

2. ❷ 마실래요. ❸ 갈래요.
❹ 만날래요. ❺ 살래요.

• '르' 불규칙

1. ❷ 골랐어요. ❸ 불렀어요.
❹ 잘랐어요. ❺ 빨라요.

2. ❷ 달라요. ❸ 잘랐어요.
❹ 눌렀어요. ❺ 불러요.

• A-아/어/여 보이다

1. ❷ (예시) 책이 재미있어 보여요.
❸ (예시) 가방이 무거워 보여요.
❹ (예시) 이 사람이 추워 보여요.
❺ (예시) 음식이 맛있어 보여요.

2. ❷ (예시) 피곤해/바빠 보여요. ❸ (예시) 아파/안 좋아 보여요.
❹ (예시) 날씬해 보여요. ❺ (예시) 무거워 보여요.

• A/V-(으)ㄴ/는데

1. ❷ 형은 키가 큰데 저는 키가 작아요.
❸ 어제는 날씨가 맑았는데 오늘은 날씨가 흐려요.
❹ 친구는 회사원인데 저는 학생이에요.
❺ 비가 오는데 우산이 없어요.
❻ 조금 전에 식사를 했는데 지금 배가 고파요.

2. ❷ 잘하는데 ❸ 만드는데 ❹ 잘 치는데
❺ 갔는데 ❻ 인데

• 쓰기

1.
예시
밝은 색보다 어두운 색을 입으면 날씬해 보여요. 그리고 가로무늬를 입으면 조금 뚱뚱해 보일 거예요. 그러니까 세로무늬를 입으세요.

2.
예시
밝은 색을 입으면 조금 통통해 보일 거예요. 너무 어두운 색을 입으면 몸이 조금 작아 보일 거예요. 그리고 세로무늬 옷을 입으면 더 날씬해 보여요. 그러니까 가로무늬 옷을 입으세요.

제10과 요리소개

• 어휘

1. 당근, 배추, 파, 마늘, 상추, 호박

2. ❶ (예시) 저는 화장품을 냉장고에 보관해요.
❷ (예시) 사장님 앞에서 실수해서 얼굴이 빨개졌어요.
❸ (예시) 등록금이 너무 비싸서 힘들어요.
❹ (예시) 마이클 씨는 재미있어서 인기가 있어요.

• 문법

• V-(으)ㄴ 후에

1. ❷ 문을 닫은 후에 불을 꺼요.
❸ 기차가 떠난 후에 사람들이 울었어요.
❹ 편지를 받은 후에 답장을 보내세요.
❺ 창문을 연 후에 밖을 구경하세요.

2. ❷ 결혼을 한 후에 일본 요리를 배웠어요.
❸ 졸업을 한 후에 취직을 할 거예요.
❹ 이번 학기가 끝난 후에 고향에 돌아갈 거예요.

• A/V-아/어/여야

1. ❷ 일어나야
❸ (예시) 출발해야 약속 시간에 도착할 거예요.
❹ (예시) 걸어야 건강해요.
❺ (예시) 써야 쓰기를 잘 할 수 있어요.

2. ❶

요즘 한국어 공부는?	(예시) 좀 힘들어요.
한국어 공부 중에서 가 뭐가 어려워요?	(예시) 한국어 공부 중에서 쓰기가 제일 어려워요.
어떻게 해야 돼요?	(예시) 매일 일기를 써야 돼요.

❷ (예시) 요즘 한국어 공부는 좀 힘들어요. 한국어 공부 중에서 쓰기가 제일 어려워요. 매일 일기를 써야 잘 쓸 수 있어요.

• V-기

1.

침대에서 자다	침대에서 자기
아침 먹다	아침 먹기
한국어를 공부하다	한국어를 공부하기
일기를 쓰다	일기를 쓰기
산책하다	산책하기
서울에서 살다	서울에서 살기
집을 청소하다	집을 청소하기

2.
(예시)
• 매일 한국 드라마 보기
• 일기 쓰기
• 한국에서 유명한 곳 관광하기

• 사동사 '-히-, -리-'

1. ❷ 익혔어요 ❸ 넓혔어요

2. ❷ 울려요 ❸ 얼렸어요 ❹ 살렸어요

3. ❷ 익었어요 ❸ 넓히는 ❹ 알려 주세요
❺ 울어요 ❻ 얼리세요 ❼ 살렸어요

• 쓰기

예시
저는 한국 요리 중에 떡볶기를 할 줄 압니다. 저는 한국 음식을 다 잘 먹지만 매운 음식을 더 좋아해서 떡볶기 요리를 연습했습니다. 떡볶기를 만들려면 떡볶기 떡, 고추장, 오뎅, 물엿, 설탕, 마늘, 파 등이 필요합니다. 처음 만든 떡볶기는 설탕을 너무 많이 넣어서 달았습니다. 그래서 두 번째 만들 때는 설탕을 조금 넣고 고추장을 더 많이 넣었습니다. 두 번째 만든 떡볶기가 처음 만든 떡볶기보다 더 맛있었습니다. 저는 다음에 또 만들어 보려고 합니다. 다음에 제가 만들면 학교에 가져오겠습니다.

제11과 약속

● 어휘

1. ❶ 지난주에 배운 문법과 단어를 — 찬성해요.
   ❷ 조용히 해 보세요. 밖에서 이상한 소리가 — 골랐어요.
   ❸ 저도 그 사람 말에 — 필요해요.
   ❹ 너무 힘들어서 집에 오자마자 침대에 — 나요.
   ❺ 동생한테 줄 선물을 드디어 — 지켜요.
   ❻ 수영장에 가려면 수영모자가 — 복습했어요.
   ❼ 저는 약속을 하면 꼭 — 누웠어요.

2. ❶ (예시) 어머니는 꽃병을 테이블 위에 놓으셨어요.
   ❷ (예시) 새해 좋은 계획이 있어요.
   ❸ (예시) 한국어가 재미있지만 단어를 외우는 것이 힘들어요.
   ❹ (예시) 학생들이 거의 다 왔어요.
   ❺ (예시) 일이 많으면 제일 중요한 일부터 시작하세요.

● 문법

• V-지 말고

1. ❷ 가지 말고 ❸ 치지 않고
   ❹ 바다에 가지 말고 ❺ 사 오지 않고

2.
❶ 계단에서 뛰지 말고 — 조용히 하세요.
❷ 사람이 많은 식당에서 떠들지 말고 — 선생님을 보세요.
❸ 수업 시간에 창밖을 보지 말고 — 끄세요.
❹ 새벽 2시예요! 컴퓨터를 하지 말고 — 걸으세요.
❺ 여기에서 사진을 찍지 말고 — 건물 앞에서 찍읍시다.
❻ 지금 가지 말고 — 잠시 후에 가는 게 어때요?

• N 중, V-는 중이다

1. ❷ (예시) 공부를 하는 중이에요.
   ❸ (예시) 고르는 중이에요.
   ❹ (예시) 신발을 신는 중이에요.
   ❺ (예시) 전화를 하는 중이에요.
   ❻ (예시) 끓이는 중이에요.

• V-기로 하다

1. ❷ 가기로 했어요. ❸ 보기로 했어요.
   ❹ 먹기로 했어요. ❺ 가기로 했어요.
2. ❷ (예시) 한국어 시험을 보기로 했어요.
   ❸ (예시) 부모님께 전화하기로 했어요.
   ❹ (예시) 운동장에서 뛰기로 했어요.

• V-자마자

1. ❷ (예시) 창문을 열었어요.
   ❸ (예시) 화장실에 갔어요.
   ❹ (예시) 할머니 댁에 인사하러 갈 거예요.
   ❺ (예시) 외국으로 갔어요.
   ❻ (예시) 회사에서 일을 하고 싶어요.

2. ❷ (예시) 숙제를 하자마자 잘 거예요.
   ❸ (예시) 졸업을 하자마자 취직하고 싶어요.
   ❹ (예시) 한국에 오자마자 구했어요.
   ❺ (예시) 그 이야기를 듣자마자 울었어요.

● 쓰기

예시

저는 한국에 오기 전에 한국에서 열심히 공부하기로 부모님과 약속을 했어요. 부모님께서는 제가 혼자 한국에 가는 것을 많이 걱정하셨어요. 그래서 저는 요즘 열심히 공부를 하고 있어요.

그리고 저는 매일 아침 친구를 전화로 깨워 주기로 했어요. 제가 친구보다 더 일찍 일어나거든요. 하지만 가끔 저도 늦게 일어나서 친구를 못 깨워 줄 때가 있어요. 요즘 겨울이어서 해가 늦게 떠요. 그래서 저도 늦게 일어나서 학교에 가끔 늦게 가요. 다음부터는 일찍 자고 일찍 일어나서 학교에 늦지 않고 싶어요. 왜냐하면 한국에서 열심히 생활하기로 부모님과 약속했거든요.

제12과 일상생활

● 어휘

1. ❷ 신랑 ❸ 문방구 ❹ 추억 ❺ 휴일
   ❻ 기사

2. ❷ 궁금한 ❸ 태어났어요. ❹ 부지런한 ❺ 친한

3. ❶ (예시) 죄송하지만 천천히 다시 말해 주세요.
   ❷ (예시) 실수로 커피를 바지에 흘렸어요.
   ❸ (예시) 어제 명동에서 우연히 중학교 때 친구를 만났어요.

● 문법

• V-다(가)

1. ❷ (예시) 읽다가 재미없어서 잤어요.
   ❸ (예시) 오른쪽으로 가세요.
   ❹ (예시) 쓰다가 그만뒀어요.
   ❺ (예시) 전화를 받았어요.
   ❻ (예시) 농구를 하다가 다쳤어요.

2. ❷ (예시) 곧장 가다가 좌회전하세요.
   ❸ (예시) 곧장 가다가 길을 건너세요.

• V-(으)면서

1. ❷ (예시) 전화를 해요.
   ❸ (예시) 과자를 먹어요.
   ❹ (예시) 혼자 노래를 부르세요.
   ❺ (예시) 커피를 마셔요.
   ❻ (예시) 아르바이트를 하고 싶어요.
   ❼ (예시) 늦게까지 이야기를 했어요.

2. ❷ 아이가 춤을 추면서 노래를 해요.

❸ 창밖을 보면서 커피를 마시는
❹ 식사를 하면서 이야기를 했어요.
❺ 남자가 뛰어 가면서 물을 마시고 있어요.

- 'ㄷ' 불규칙

1. ❷ 걸어 왔어요　❸ 물어 보세요　❹ 믿어요
❺ 닫아 주세요　❻ 묻었어요

- 반말

1. 저희(⇒우리) 가족은 주말마다 함께 하는 일이 많습니다(⇒많다) 제일 먼저 주말 아침에는 다같이 아침식사를 합니다(⇒ 한다). 식사를 하면서 이런저런 이야기를 하는 것을 좋아합니다(⇒ 좋아한다). 식사가 끝나면 집 근처에 있는 산에 갑니다(⇒ 간다). 그 산은 높지 않습니다(⇒ 높지 않다). 하지만 그 산에 가면 공기도 좋고 깨끗한 물도 있습니다(⇒ 있다). 산 위에 올라가면 다리가 아픕니다(⇒ 아프다). 목도 마릅니다(⇒ 마르다). 그럼 우리는 잠깐 쉬면서 과일이나 물을 먹습니다(⇒ 먹는다). 등산을 하고 나서 집에 돌아오면 우리는 모두 청소를 합니다(⇒ 한다). 청소를 하면서 음악을 들으면 기분이 더 좋습니다(⇒ 좋다).

지난 주말에는 비가 왔습니다(⇒ 왔다). 그래서 등산을 못 했습니다(⇒ 했다). 그래서 집에서 청소를 하고 나서 모두 함께 미술관에 다녀왔습니다(⇒ 다녀왔다). 저는(⇒ 나는) 가족과 함께 하는 시간이 행복합니다(⇒ 행복하다).

2. ❶ • 새로운 사람도 만날 수 있다.
• 특별한 경험을 할 수 있다.
• 책에서 배우지 못한 것을 여행을 통해서 배울 수 있다.
❷ ①

- 쓰기

예시

지난 주말에 일본에 있는 친구가 한국에 왔다. 우리는 중학교 때부터 제일 친한 친구다. 우리는 일본에 있을 때 매일 전화를 하고 자주 만나서 같이 놀았다. 하지만 내가 한국에 온 후에 매일 전화도 못하고 1년 동안 만나지도 못했다.

지난 주말에 공항에서 친구를 만났을 때 너무 기쁘고 행복했다. 우리는 버스를 타고 우리집으로 갔다. 집에 도착하고 나서 가방을 놓고 명동으로 갔다. 명동에서 식사를 하면서 그동안 같이 못한 이야기들을 많이 했다. 우리는 오랜만에 정말 즐거운 시간을 보냈다.